D1809081

LES AMOURS

TRAVERSÉS

HISTOIRES INTÉRESSANTES

Dans lesquelles la Vertu ne brille
pas moins que la Galanterie,

Premiere Partie

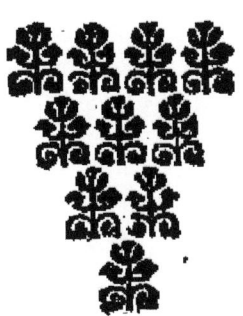

A LA HAIE

Chez JEAN NEAULME.

_____

MDCCXLI.

AVIS
DU LIBRAIRE

UN Gentilhomme de Province, résident depuis quelques années dans cette Ville, m'a fait part de ces Nouvelles. Le Stile m'en a paru simple, naturel, intéressant, & fort différent de celui qui regne depuis quelques tems dans les Ecrits de cette espèce. Je ne doute donc pas de l'accueil que leur feront certaines personnes, qui n'aiment que les cho-

A 2

ſes guindées , forcées , alam-
biquées , & dont , à force d'y
vouloir mettre de l'eſprit , on
n'a fait le plus ſouvent que
du galimatias.

J'avertis ces perſonnes
qu'elles ne trouveront pas
ici leur compte. Le *Pétillant*,
le *Semillant*, le *Fretillant* ne
s'y rencontrent pas. Mon Auteur eſt un homme d'un bon
gros ſens , qui n'aime que
le vrai, le vraiſemblable, la
nature, la raiſon.

Il me charge d'annoncer à
ces perſonnes qu'il n'ambi-
tionne aucunement leurs ſuf-
frages. Il ne ſe ſoucie pas non
plus de ſe conformer au goût
de ces gens outrés, qui con-

damnent toutes les lectures; qui ne font pas favantes ou dévotes. Il eft perfuadé que celles du genre, dans lequel il écrit, peuvent avoir leur utilité. Quand elles ne feroient qu'amufer, que délaffer, que renouveller l'attention pour des chofes ples férieufes, ne produiroient - elles pas des avantages réels ? »

Les jeunes gens furtout, & les Dames qui font la plus grande partie du monde ne peuvent pas toujours lire des Livres de piété, ni les Ouvrages du fage & laborieux Rollin, ou du favant Abbé Goujet. Et plût à Dieu que dans un fiècle où les lectu-

res licentieuſes ſont deve-
nues ſi fort à la mode, il ne
leur tombât jamais rien entre les mains de plus dangereux que ces Nouvelles.

****
****

LA FEINTE MORT.

PREMIERE HISTOIRE

L'Imprudence, & la légéreté sont pour l'ordinaire le triste partage de la jeunesse. On est sujet à cet âge à faire bien de fausses démarches. C'est un tems de délire, où l'ame, esclave du sentiment, se refuse à la refléxion, & s'abandonne toute entiére à l'impetuosité de ses desirs. Un temperamment bouillant, & plein de feu, des passions vives, & fougueuses, un amour effréné du plaisir; enfin une inexpérience presque générale, n'exposent que trop souvent les jeunes gens aux plus redoutables dangers.

L'Histoire nous fournit un grand nombre de traits, qui se

A 4

roient bien propre à leur deſſiller
les ïeux, s'ils ne joignoient pas
à leurs autres défauts celui de l'in-
docilité, qu'entretient cette averſion, qu'ils ſemblent avoir naturellement pour tout ce qui s'ap-
pelle ou remontrance, ou conſeil.

Eſſaïons cependant de leur
mettre ſous les ïeux un exemple
également terrible, & touchant.
Peut-être que les malheurs de deux
perſonnes illuſtres, leur appren-
dront à redouter des égarements,
dans leſquels l'amour ne manque
preſque jamais d'entrainer ceux
qui lui laiſſent prendre trop d'empire ſur leur cœur.

Dans le tems que la Maiſon de
l'Eſcale étoit à la tête de la République de Vérone en Italie, deux
Familles tenoient après elle le premier rang dans cette Ville, par
l'ancienneté de leur nobleſſe, par
leurs richeſſes, & par leur crédit.

L'une étoit la Maison des Capelets,
l'autre celle des Montesches. Mais
l'envie , qui se glisse assés commu-
·nément dans le cœur de ceux qui
sont élevés au même degré de
puissance , ne tarda pas à diviser
ces deux Familles.

L'Histoire ne nous apprend pas
l'origine de leurs dissentions. Elle
se contente de dire que le sujet
en fut assés léger. Le plus grand
incendie est souvent l'effet d'une
foible étincelle.

Le feu de cette inimitié fût
prompt , & violent. Il s'enflamma
même de tems en tems , au point
qu'on en vînt plus d'une fois aux
mains. Ces combats ne se donnoient point sans qu'il en coutât
la vie à plusieurs personnes des
deux Maisons ; & ceux qui plus
heureux , échapoient à la mort ,
ne songeoient plus qu'à venger
celle de leurs parens. L'une & l'au-

tre Famille avoit ſes amis, ſes par-
tiſans, que des intérêts particu-
liers attachoient à ſon ſort & qui
ſouvent prenoient part à ſes que-
relles. La République de Vérone,
ainſi partagée en deux Factions,
étoit ſans ceſſe déchirée par des
Guerres d'autant plus cruelles,
qu'elles êtoient domeſtiques.

Le Marquis de l'Eſcale qui vivoit au tems dont je vais parler,
voioit avec douleur ce déſordre
regner dans une Ville, dont il
êtoit le chef. Il emploïa toutes
ſortes de moïens pour rétablir la
paix, & l'union entre les Monteſches & les Capelets. Sa prudence
& ſes ſoins furent long-tems inutiles. Leur haine êtoit ſi fort in-
venimée, que rien n'êtoit capable
de l'éteindre.

Il vint pourtant à bout d'en
moderer les effets. Il leur fit ſentir
avec tant de force que leurs di-

viſions particulières entraîneroient
infailliblement la ruine de leur
patrie , que s'il ne pût les reconcilier , il en obtint du moins une
eſpèce de tréve. Ils promirent de
part & d'autre de l'obſerver, &
de ſuſpendre par la vue de l'intérêt commun , la fureur de leurs
combats , qui chaque jour enle-
voient à la République quelques-
uns de ſes meilleurs Sujets.

Dans ces entrefaites un des
Monteſches devint éperduement
amoureux de la fille d'un des Capelets. Ce jeune Cavalier qui n'a-
voit pas encore vingt cinq ans étoit
ſi bien fait & de ſi bonne mine ,
qu'il paſſoit pour le Seigneur de
Vérone le plus accompli.

Ce fut dans une Fête publique
que Roméo (c'eſt ainſi qu'il s'ap-
pelloit) ſentit le pouvoir des charmes de cette Demoiſelle. Il ne
l'avoit point vue auparavant. Il

ignoroit même jusqu'à son nom.
Quel fut son étonnement lorsqu'il
apprit qu'elle avoit reçu la naissance d'un des plus irreconciliables
ennemis de sa Famille !

Cette découverte lui donna de
l'inquiétude ; mais l'ardeur qu'il
avoit prise dans les ïeux de Leo-
nore , étoit trop forte pour se ralentir par cet obstacle. C'étoit le
premier trait, dont l'amour l'avoit
blessé. L'on sait que les impressions,
qu'il fait dans un jeune cœur, sont
pour l'ordinaire vives & profon-
des.

Les commencemens d'une Passion sont beaux & riants. Ils sé-
duisent notre âme par les plus
flateuses idées. La première, qui s'offrit à l'esprit de Roméo , fut que
son amour lui fourniroit l'occasion de rétablir la bonne intelligence entre les deux Familles , &
que l'Himen pourroit réunir un

jour, ce que la difcorde avoit défuni. Plein de cet efpoir enchanteur, il s'abandonna tout entier à fon amour, fans prévoir les fuites malheureufes, qu'il pourroit avoir. Pendant toute la Fête il ne put s'approcher de l'objet, dont il étoit charmé ; mais au défaut des paroles, fes tendres regards intruifirent de fa paffion celle qui venoit de la faire naître.

Léonore s'applaudit auffi-tôt de fa conquête, & rendit grace à la Fortune, qui lui prefentoit une fi favorable occafion d'entrer pour quelque chofe dans la querelle de fes parens. Comme elle avoit hérité de leur haine pour les Montefchés ; & que la foibleffe de fon fexe ne lui permettoit pas de s'en vanger par la voie des armes, elle réfolut d'accabler Roméo de rigueurs, & de lui faire éprouver toutes les peines, qu'une tendreſſe rébutée entraine après elle.

Elle n'eut pas plûtôt formé ce
deſſein , qu'elle commença de regarder ce jeune Seigneur avec
des ïeux pleins de mépris ; & pendant toute la durée de la Fête elle
eut pour lui des airs inſuportables.
Roméo ne ſe rebuta pas. Il réſolut
de donner à Léonore tant de preuves de l'amour le plus reſpectueux
& le plus ſoumis , qu'il faudroit
bien qu'elle cedât enfin à ſa per-
ſévérance.

Dès le ſoir même il alla ſous
ſes fenêtres dans l'eſperance de la
toucher par ſes plaintes. Il lui dit
tout ce qu'il crut de plus capable
d'exciter ſa pitié : mais elle ne
lui répondit que par des ris outrageans. Il continua cependant à lui
rendre des ſoins également inutiles. Il lui donnoit ſouvent des Fêtes galantes ; mais elle ne paroiſſoit
point à ſes Jalouſies , ou ne s'y

montroit que pour l'infulter par
de nouveaux mépris. A force d'ar-
gent , & de bienfaits il gagna celle
de fes Femmes qu'il apprit avoir
le plus de pouvoir fur fon efprit ,
& l'engagea de lui remettre une
Lettre. Non feulement Léonore
refufa de la lire , elle fit chaffer
avec ignominie cette Femme de
fon fervice , & de la Maifon de
fon Pere. Enfin elle fit fouffrir à
Roméo tout ce qu'une haine ingé-
nieufe lui put fuggérer d'indigni-
tés , & de mauvais traitemens ; &
ce malheureux Amant ne put s'empêcher d'y fuccomber. Après avoir
tenté fans aucun fuccès tous les
moïens, qu'il put imaginer, pour
fléchir Léonore, le defefpoir s'empara de fon ame , & le fit tomber
dangereufement malade,

Ses Parens allarmés de la langueur, qui le confumoit, en appri-
rent la caufe. Ils l'exhortèrent

avec douceur à renoncer à son amour pour une personne, qui s'en montroit si peu digne. Ils lui réprésentèrent avec force que la haine, qui divisoit les Montes-ches, & les Capelets, étoit un obstacle invincible à la recherche de Léonore. Ils lui proposèrent ensuite les plus illustres partis de Vérone, & même de toute l'Italie,

Leurs efforts furent inutiles. Roméo leur répondit constament que le seul moïen de lui conserver la vie, qu'il étoit à la veille de perdre, étoit de l'unir au plustôt à celle qu'il adoroit, Son obstina-tion leur causa de la douleur. Cette Alliance n'étoit nullement de leur goût; & quand même ils en au-roient approuvé le projet, quelle apparence qu'il put s'exécuter?

Néanmoins comme c'étoit un Fils unique, qu'ils aimoient avec une

une extrême tendreſſe , ils voulurent bien pour le ſauver d'une
mort , qu'ils croïoient certaine ,
condeſcendre à ſes deſirs. Ils lui promirent de faire demander inceſſa-
ment Léonore ; & dans le déſſein
de lui tenir parole , ils eurent
recours au Marquis de l'Eſcale.

Charmé dé cette occaſion de
réunir les deux Familles diviſées ,
le Marquis mis tout en œuvre pour
y réuſſir. Le ſuccès ne répondit
pas à ſes ſoins. La demande fût
rejettée par les Capelets avec beaucoup de hauteur , & de fierté. Les
Monteſches en furent vivement
offenſés ; & leur ancienne haine, ſe
ranimant avec plus de violence
que jamais, ils jurèrent de tirer une
vangeance éclatante du réfus de
leurs ennemis.

On n'oſa déguiſer à Roméo le
mauvais ſuccès de la demande. Le

B

Marquis de l'Escale voulut lui rendre comte lui même de sa négociation. Il lui fit un fidèle récit de ce qui s'êtoit passé. Pour le mieux guerir de sa passion, il ne lui cacha rien de tout ce qui contribuoit à rendre le réfus des Capelets plus outrageant ; & sut lui répréfenter avec tant de force que sa gloire & son repos êtoient interessés à ne plus penfer à Léonore, que Roméo fut ébranlé. Mais ce qui contribua le plus à sa guérifon, fut la manière avec laquelle fes Parens en usèrent à son égard. Ils ne firent aucun usage de cette rigoureuse sévérité, que la pluspart des Pères se font une fausse gloire d'exercer sur leurs Enfans. Traitement plus capable d'irriter leurs passions, que de les guérir. Ils lui parlèrent avec douceur ; ils entrèrent avec bonté dans fes peines ; ils le consolèrent

avec la tendreſſe la plus compa-
tiſſante.

Cette ſage conduite fut plus ef-
ficace pour rappeller la raiſon dans
le cœur de Roméo que l'orgueil
des Capelets , & les mépris de
Léonore. Son amour, ſi dédaigneu-
ſement rebuté , la Famille outragée
excitérent ſon dépit. Il eut honte
de s'être égaré ſi long-tems. Il
condamna de bonne foi ſes erreurs,
& ſa foibleſſe. Enfin ſes ïeux s'ouvrirent tout à fait , le calme rentra
dans ſon ame , & ſa ſanté ne tarda
pas à ſe rétablir.

Dès qu'il ſe vit en état de fortir , il alla chercher & trouva
dans le commerce de ces amis
des plaiſirs plus purs , que ceux
qu'il avoit eſpéré de ſon amour.
Pendant ſix mois , grace à la
paix de ſon cœur , il jouit d'un
ſort , qui lui parut plein de charmes ; mais il n'en devoit pas jouir

toujours. Un nouvel orage en vint troubler la sérénité , dans le moment qu'il s'y devoit le moins attendre.

La saison du Carnaval arriva. C'est le seul tems ou la liberté regne en Italie. Les Bals & les Fêtes , qui s'y donnent tous les jours la facilitent & l'entretiennent. Tous les Etats sont confondus sous le masque, qui les déguise. Une aimable folie prend la place de la raison , dont elle semble bannir l'austère sagesse. Tout respire la joie & les plaisirs ; & pendant ce tems l'Amour n'a point de climats , où sa puissance se fasse respecter davantage. C'est véritablement alors la saison de ses conquêtes. Tout s'empresse à lui rendre hommage ; & malgré la jalousie des maris & la sévérité des parens, on trouve mille facilités à le voir. Les Filles , & les Femmes goûtent une douceur infinie à tromper la vigilance de leurs Argus , & c'est parlà qu'elles se dédommagent de la dure contrainte, dans laquelle elles gémissent pendant le reste de l'année.

Roméo ne laissa passer aucun de ces jours consacrés à la joie publique, sans prendre part aux divers amusemens, qu'ils lui presentèrent. Les Concerts, les Spectacles , la Danse ; les Festins l'occupérent tour à tour. Il touchoit à la fin des Réjouissances, sans que l'Amour, quoiqu'il se trouve partout , se fut mis de la partie pour empoisonner ses plaisirs. Mais l'instant fatal aprochoit & Romer devoit bien-tôt voir le commence de ses malheurs.

Antoine Capelet , Chef de toute la Maison de ce nom , voulut terminer le Carnaval par un grand souper suivi d'un Bal. Tous ses

Parens & les personnes les plus considérables de Vérone y furent invi-
tés , à l'exception des Montesches
ses ennemis. Un des amis de
Roméo , prié de la Fête , l'engagea d'y venir masqué , lorsque le
Bal seroit commencé: Le jeune
Cavalier accepta la proposition
avec empressement. Elle lui promettoit du plaisir , l'auroit-il rejettée ? Comme-il ne douta pas
que la personne ; qu'il avoit autrefois aimée , ne se trouvât dans
cette Assemblée ; & comme il se
sentoit assés fort pour s'exposer
à sa vue & braver impunément le
pouvoir de ses charmes ; il se
fit d'avance un joie maligne de
lui faire connoître toute la froideur
de son indifférence ; & de lui
rendre sous le masque une partie
des mépris , dont elle l'avoit ac-
cablé.

Son ami l'aïant introduit , ils

parcoururent enfemble toute la
Salle pour découvrir cette fière
Léonore, qu'il defiroit avec tant
d'ardeur d'y rencontrer. Leur recherche fut vaine. Une légère in-
difpofition l'avoit empêché de s'y
trouver. Roméo, ne pouvant gouter le plaifir de la vengeance, qu'il
s'êtoit propofée, fe livra tout entier
à celui de la Danfe. Il s'en acquit-
toit avec tant de grace que plufieurs Dames eurent la curiofité de
le connoître. Elles emploïèrent
divers artifices pour en venir à
bout ; & n'aïant pu réuffir, elles
prièrent le Maître de la Maifon
d'engager tout le monde à fe dé-
mafquer.

Roméo réfifta longtems à toutes
les inftances, qu'on lui fit ; mais à
la fin il ne put fe difpenfer d'ôter
fon mafque comme les autres. Plus
heureux s'il avoit eu la prudence
fe retirer! Il fut auffi-tôt ꞁonnu

par les Capelets , ennemis mortels
de sa Maison. Quoiqu'ils ne pûssent
s'empêcher de rendre justice à la
bonne mine & d'aplaudir à ses talens , ils furent offensés de la har-
diesse, qu'il avoit eue d'entrer dans
un endroit où sa presence les irri-
toit. Mais la considération , qu'ils
eurent pour plusieurs personnes ,
qui se trouvoient dans l'Assemblée,
arrêtant l'effet de leur ressentiment , ils n'osèrent lui faire aucun
outrage.

Les Dames ne se contenterent
pas d'admirer sa personne , & de
relever son mérite. Plusieurs d'entr'elles païèrent leur curiosité de
la perte de leur cœur. Elles lui pro-
diguerent à l'envi des éloges.
Chacune s'efforçoit de l'attirer.
Toutes voulurent danser avec lui.
Pas une n'oublia de mettre en œuvre ce manège si naturel au Sexe ,
quand il veut inspirer des sentimens

ce fut en vain. Il vit leurs charmes avec indifférence. Leurs civi-
lités , leurs avances même n'ob-
tinrent de lui que de simples témoignages de politeffe , & de reconnoiffance.

Cependant une troupe de nouveaux Mafques attira tous les regards , & fufpendit durant quelques inftants les divertiffemens de
l'Affemblée. La fiére Léonore étoit
de la bande avec une de fes Cou-
fines nommée Julie. Son indifpo-
fition n'avoit pas été de longue
durée. L'envie, qu'elle eut de voir la
Fête , lui rendit bien-tôt affés de
forces pour y venir. Léonore , &
Julie s'aimoient beaucoup. On les
avoit élevées enfemble au Couvent
pendant quelques-tems ; & Julie,
qui n'en étoit fortie que depuis
un an , n'en avoit pas encore dix-
neuf.

Elles étoient belles l'une & l'au-

C

tre, mais leur beauté différoit autant
que le caractère de leur esprit.
Léonore étoit blonde , d'une tail-
le haute & majestueuse. Ses traits
étoient réguliers & bien formés ;
mais elle manquoit de cette vivacité , qui fait naître le desir. Elle
étoit. belle , sans être piquante ;
& ses charmes , que déparoit un
peu son air languissant & presque
inanimé , n'avoient encore fait de
conquête éclatante que celle de
Roméo. Pour son esprit il étoit
orguëilleux , hautain , sujet au
caprice , & plein de bisarrerie.
   Julie étoit brune , & d'une tail-
le , qui passoit un peu la médio-
cre. Sa personne rassembloit toutes les graces ; & ses ïeux noirs
relevoient merveilleusement l'éclat
éblouissant du plus beau teint que
l'on pût voir. Son âme, encore plus
belle que sa Personne , & le caractère de son esprit doux & complaisant achevoient de lui gagner

les Cœurs. Tant de perfections en avoient soumis beaucoup; mais le sien ne connoissoit point encore de Vainqueur ; & de ce grand nombre d'Amans, empressés à lui plaire, aucun ne pouvoit se flater de la plus légère préférence.

Chacun s'étonnoit qu'une tendre amitié pût unir deux personnes telles que Julie & Léonore, dont les qualités étoient si fort opposées. On en faisoit honneur au caractère de Julie. On pense bien que les deux Cousines n'avoient pas oublié ce jour là de relever l'éclat de leurs attraits par une parure galante, & recherchée. Elles furent ravies qu'on les priât d'ôter le Voile, qui les cachoit; & ne se firent presser de se démasquer qu'autant qu'il falloit pour exciter la curiosité générale.

Roméo reconnut aussi-tôt Léonore ; mais il n'eut des ïeux que

pour Julie Il fe fentit faifir , tranfporter , fans avoir le temps d'o-
pofer aucune réfiftance. Ses regards
rencontrèrent bien-tôt ceux de
Julie ; & l'Amour lança le trait,
qui bleffa leurs cœurs au même
inftant. C'étoit la prémière fois
qu'ils fe voioient. Ils s'admirèrent
mutuellement , & ils s'enivrèrent
à longs traits & fans méfiance d'un
plaifir, qui devoit leur couter bien
cher. Un fecret preffentiment, un
coup d'œil jetté fur Léonore aver-
tirent Julie que c'étoit Roméo.
Léonore l'en avoit fouvent entre-
tenue ; & fur le portrait, qu'elle
en avoit fait , Julie crut reconnoî-
tre l'original. Elle avoit défaprou-
vé plus d'une fois la dureté de fa
Coufine. Léonore même n'avoit
pu s'empêcher, malgré la bifarerie
de fa conduite , de rendre juftice
au mérite de Roméo. Julie avoit
donc conçu beaucoup d'eftime

pour lui ; mais sa vue, à laquelle
elle ne s'étoit pas attendue,
changea rapidement cette estime
en une violente passion. Pour Roméo, trop ému pour s'embarasser
dans un moment si doux, qui pouvoit être la personne, qui lui demandoit son cœur avec tant d'empire ; il se livra, sans balancer,
à l'impression qui se faisoit en lui.
Sa raison n'étoit pas assés libre pour
penser qu'il eut encore de nouveaux malheurs à redouter.

A près les premiers mouvements
de la surprise, ils aprirent mutuellement ce qu'ils étoient. Cette
connoissance, qui devoit les faire
trembler, ne changea rien à leur
situation. Ils ne furent attentifs
l'un & l'autre, durant le reste du
Bal, qu'au plaisir de se voir ; & leurs
ieux, d'intelligence avec leurs
cœurs, les aiant bien-tôt instruits,
l'un & l'autre de la secrette flâme

C 3.

dont ils fe fentoient réciproque-
ment embrafés ; ils cherchèrent les
moïens de fe parler. On en a bien-
tôt trouvé l'ocafion, quand on le defire avec ardeur. Il s'en offrit une
que Roméo ne laiffa pas échaper.

Un Cavalier aïant prié Julie de
danfer, Roméo, qui prenoit garde
à tout ce qui fe paffoit , alla fe
mettre , comme fans deffein, dans
l'endroit qu'il prévir qu'elle pourroit ocupper après fa Danfe ; &
Julie , guidée par fon cœur encore
plus que par fes ïeux , ne manqua
pas de venir s'y placer. Il fe leva
pour la faluer ; mais il fe trouva
fi plein d'émotion , lorfqu'il eut
repris fa place, qu'il ne pût lui dire
un feul mot. Il fe contenta de
pouffer un foupir.

Julie s'aperçut de fon défordre
& le raffura par la douceur de fes
regards. Roméo fe remit & s'étant
un peu panché du côté de fa Chaife

Charmante Julie , lui dit-il d'un ton bas pour n'être entendu que d'elle , ne vous offensés point de l'aveu que m'arache une paffion naiffante , mais auffi refpectueufe qu'elle eft vive. L'Amour que vous m'avés infpiré , ne peut plus fe contraindre au filence. Parlés , belle Julie. Nous n'avons point de tems à perdre. Nous fommes environnés de regards jaloux & pénétrants. Dois-je me flater que votre bouche ne démentira pas le langage de vos ïeux ? Ah ! ne me défabufés point de la douce efpérance , qu'ils m'ont donnée. Mon cœur peut-être trop téméraire , ne laiffe pas de s'y livrer ; & pour me voir expirer de douleur , vous n'avés qu'à, Belle Julie , dédaigner le tendre hommage , qu'il vous rend.

Les moments font chers en Italie. Une ocafion perdue s'y retrouve

difficilement. On en connoît tout
le prix. On se hâte d'en profiter ;
& souvent une Passion y fait plus de
progrès dans un jour , dans un
moment, qu'elle n'en feroit peut-
être en six mois dans d'autres Climats , où l'air de liberté , qu'on
y respire , fait qu'on peut se voir
& s'entretenir, sans blesser les loix
de la bienséance. La conduite de
Julie doit paroître excusable. Non-
seulement elle aimoit ; elle craignoit encore de n'avoir de long-
tems l'occasion de revoir un Amant,
pour qui son cœur commençoit à
s'intéresser.

Roméo , lui répondit-elle , est il
bien sincère ; cet hommage & ne
feroit-ce point le secret dépit d'une
flâme rebutée , qui me l'adresse-
roit en ce moment? Cette pensée
blesse ma délicatesse. La défiance ,
où je dois être avec vous , me
trouble , m'allarme ; & malgré

toutes les raisons , que j'ai de soupçonner votre tendreffe , je fens
que mon cœur eft de concert avec
vous pour la croire fincère. Quel
feroit votre crime , fi vous ne vouliés que furprendre ma crédulité ,
pour tendre des piéges à mon
innocence ? Ah , Roméo! fi mes
ïeux n'ont pu vous déguifer le penchant de mon cœur ; fi ma bouche vous confirme ce qu'ils vous
ont apris ; n'abufés pas plus long-
tems d'une Victoire , qui vous
couvriroit un jour de honte , &
qui vous couteroit mille remords.
Adorable Julie , reprit Roméo
dans l'excès de fa joie , le tranfport , que me caufe un aveu
fi charmant , eft trop cher à
mon cœur , pour en altèrer la douceur par de cruels foupçons. Non ,
Julie ; banniffés-les du vôtre pour
jamais. Mon ardeur eft fincère ,
& mes fentimens font purs. Si j'ai

brûlé d'un autre feu , je fens que
celui que j'ai pris dans vos ïeux, ne
s'éteindra qu'avec ma vie. Que ne
puis-je expier de tout mon fang
ce crime involontaire ? Hélas !
Quelle différence de mes premier
fentimens....

Roméo dans l'ardeur de fes
tranfports alloit continuer de raffurer par des Sermens fa timide
Amante , lorfque Léonore s'étant
aperçue qu'il parloit à Julie avec
trop de vivacité , vint troubler
par fa préfence un fi doux entretien , en priant Roméo de danfer avec elle.

Quoi ! Cette orgueilleufe Léonore , dont les dédains s'étoient
épuifés fur l'Amant le plus tendre,
& le plus parfait ; cette même
Léonore oublie tout à coup fon ancienne rigueur au point de donner
à Roméo des témoignages publiques
de fa confidération ? Quelle fur-

prenante métamorphofe: L'Amour l'avoit produite en un moment. A la vue de cet Amant aimable, qu'elle avoit traité ci-devant avec tant d'injuftice & d'indignité , fon cœur n'avoit pu fe refufer à des fentiments de compaffion. Bientôt elle étoit paffée de la compaffion aux remords , & des remords au repentir. Mais lorfqu'elle le vit parler à Julie, & qu'elle crut remarquer de l'Amour dans leurs ieux , des mouvements plus impétueux s'emparèrent de fon âme . La confufion , le dépit , la jaloufie firent fur le champ ce que tous les foins de Roméo n'avoient pu faire. L'Amour n'a befoin que d'un inftant pour foumettre le cœur le plus rebelle ; & c'eft par de femblables exemples, que nous devons aprendre à nous tenir en garde contre lui , fi nous ne voulons pas groffir fes triomphes par notre défaite.

La démarche de Léonore fur-
prit tout le monde. Elle irrita fes
Parents en particulier, & décon-
certa Roméo, qui n'avoit pas eu
le loifir de s'y préparer. Il fe
voïoit contraint de quitter l'aimable Julie dans le tems qu'elle
lui marquoit des foupçons fur la
fincérité de fon amour, fans favoir s'il pourroit retrouver l'occafion de renouer avec elle une
converfation, qui l'intéreffoit fi
fort.

L'action hardie de Léonore n'é-
toit pas propre à défabufer Julie.
Auffi lui caufa-t-elle une forte d'inquiétude, qu'elle ne fut pas la maîtreffe decacher. Roméo s'en aperçut, & le trouva dans un grand
embaras. Il n'en falloit pas d'a-
vantage pour le rendre de mauvaife humeur. Il ne fe mit pas en
peine de diffimuler fon dépit à
Léonore. Ravi même de trouver

une occasion d'humilier son orgueil, il lui donna la main avec
nonchalance, sans presque la regarder, & dansa, parce qu'il ne
pouvoit s'en dispenser sans impo-
litesse. Mais il s'en acquitta d'un
air distrait & chagrin. Ses ïeux
furent tournés sans cesse du côté
de Julie, comme pour lui confirmer la sincérité des sermens, qu'il
lui venoit de faire.

Quel triomphe pour Julie ! At-
tentive à la conduite de son Amant,
elle lui rendit justice. L'éclatante
préférence, qu'il lui donnoit sur Léonore, apaisa son cœur, & dissipa
ses soupçons. Flatée de la victoire,
qu'elle remportoit sur sa Cousine, ses
regards aprirent à Roméo qu'elle
en étoit satisfaite. Cet Amant s'é-
tant apperçu de la joie de Julie,
ne put contenir la sienne. Après
qu'il eût quitté Léonore avec la
même indifférence qu'il avoit mon-

trée d'abord, il offrit la main à
Julie, & pendant qu'ils dansè-
rent, il sut par ses regards &
par tout son air, exprimer si naturellement la sincérité de sa flâme, que Julie en fut entièrement
convaincue. Cette conduite imprudente fut la source de leurs
malheurs.

Quel orage l'indifférence & les
mépris de Roméo n'excitèrent-ils
pas dans le cœur de Léonore? Ils
y firent naître la colère & la fureur. Elle ne put résister d'avantage aux tourmens, qu'elle endu-
roit. Julie n'eut pas pluſtôt achevé
de danser, que s'étant approchée
d'elle, elle lui dit d'un ton furieux: allons, Madame, retirons-
nous. Ce lieu, plein de charmes
pour vous, ne m'offre plus que des
objets insuportables. En même
tems elle l'entraîne hors de la Salle, sans que Julie eut la force de

lui répondre un feul mot , & moins
encore de lui réfifter.

Lorfqu'elle fut arrivée chés elle , elle s'abandonna fans aucune
modération à tous fes tranfports.
Une jaloufe rage lui fit exhaler
le venin, dont fon cœur étoit rempli. Vous triomphés , dit - elle à
Julie , & je fuis confondue. N'ef-
pérés pas m'en inpofer. J'ai lu
dans vos ieux l'ardeur dont votre
âme eft embrafée pour le volage
Roméo. De quel droit préten-
dés-vous m'enlever cet Amant?

Léonore , répondit Julie avec
douceur, la probité , dont je fais
profeffion , ne me permet pas d'u-
fer avec une amie du plus leger
déguifement. Je vais vous ouvrir
mon cœur tout entier. Roméo m'a
témoigné de l'amour , & je n'y
fuis pas infenfible. Sa perfonne eft
aimable. Il a des vertus. Mais quelle eft votre injuftice? Peu fatis-

faite d'avoir mis par vos rigueurs cet Amant à quelques pas du tombeau, votre haine pour fa Famille s'eft étenduë fur fa perfonne. Vous l'avés fignalée, malgré mes confeils, par le refus outrageant de l'accepter pour Epoux. Quelle part me donnés-vous dans votre ouvrage ? Pourquoi vous plaignés - vous de moi ? Sur quelles raifons fondés-vous les reproches, dont vous m'accablés ? R oméo, rebuté par vos mépris, échappé par un prodige à la mort, a brifé fa chaîne. Il m'adreffe aujourd'hui fes vœux. Ai-je dû prévoir que votre cœur pafferoit rapidement de la haine à l'amour ? Effaiés fur lui le pouvoir de vos charmes. Ils fauront le rapeller à vous ; & je fuis affés généreufe pour ne m'y pas opofer.

Je n'ai que faire de tes confeils, reprit brufquement Léonore

te; & je saurai me passer de ta
générosité. Fière de ta jeunesse ,
& des vœux d'une infidèle , tu voudrois encore insulter à mes apas ,
& tu m'oses braver sous les
fausses aparences de l'amitié. Va ,
téméraire rivale ; fuis ; épargne-
moi ta présence. Elle aigrit ma
douleur ; mais tremble , & redoute mon courroux , & ma vengeance. Ah ! si je ne puis réussir a me
faire aimer de nouveau ; je saurai me faire craindre , & traverser
ton bonheur. Elle entra sur le
champ dans son cabinet , dont elle ferma la porte sur elle ; & laissa Julie , aussi surprise de la bisarrerie de son procédé , qu'elle fut
irritée de la fureur de ses emportemens.

Cette aimable Fille se retira dans
l'instant avec la résolution de rompre tout commerce avec une personne d'un caractère d'esprit si

D

dangereux. Lorfqu'elle fut arivée
chés elle , & qu'elle eût repaffée
tous les événemens de cette nuit ;
les refléxions, qu'elle fir , lui caufè-
rent beaucoup de trouble & d'a-
gitation. Qu'ai-je fait , malheureufe , s'écria-t-elle ! & quel fruit
puis-je efpérer de la nouvelle paffion, à laquelle j'ai livré mon ame ?
Quand celle de Roméo feroit fincère , n'eft-il pas l'ennemi de ma
Famille? Nos Parens communs con-
fentiront-ils à notre union, & n'ai-
je pas tout à redouter de la colère & de la jaloufie de Léonore? Ne vaudroit-il pas mieux vaincre un amour, qui va répandre fur
mes jours mille amertumes ?

Comme elle êtoit agitée d'une
foule de penfées également acca-
blantes ; elle entendit une voix ,
qui chantoit dans la rue avec beaucoup de méthode. Elle fe mit auffi-
tôt à la fenêtre pour diffiper un mo-

ment son inquiétude. Quel fut son
étonnement, lorsqu'à la clarté d'une
foible lueur, qui partoit d'une fenêtre voisine , elle reconnut Roméo !

C'étoit en effet ce tendre Amant,
qui ne pouvant suporter l'absence de Julie, étoit sorti du Bal aussi tôt qu'elle. Il s'étoit informé de
sa demeure , & dans l'espérance
de trouver l'ocasion de lui parler , il se promenoit sous ses fenêtres. Il en entendit une s'ouvrir ,
il s'approcha : mais la crainte de
se tromper , & d'exposer la répu-
ration de Julie , lui fit garder le
silence jusqu'à qu'elle le rompit elle-même.

Ah Roméo , lui dit-elle d'une
voix basse , renonçons à notre
amour. Je ne puis être à vous que
par la voie d'une chaste union ,
& la division de nos Parens apor-
tera toujours un invincible obs-

tacle à nos defirs. Mais eſt-ce le
feul , que nous aions à craindre ?
Léonore change enfin ſes rigueurs.
en une violente paſſion. Je viens
d'eſſuïer ſa fureur & ſes outrages ;
& je redoute encore plus ſes
menaces. Elle ſe vengera ; n'en
doutés pas. Eh ! plût à Dieu que
je fuſſe feule l'objet de ſon reſſentiment ! Prévenés ſa colère par
votre retour. Rendés - lui votre
cœur. Je préfère la fureté de vos
jours à ma propre ſatisfaction.

Qu'entens - je , belle Julie , répondit Roméo , vivement allarmé
de ces paroles? Quel conſeil me
donnés-vous ? Eſt-il en ma puiſ-
fance de le ſuivre ? Ceſſerois-je de
vous aimer ? Ah ! je ceſſerois pluſtôt de vivre ; & vous verriés bien-
tôt éclater mon déſeſpoir , ſi votre rigueur êtoit infléxible. Je brave le couroux de Léonore. Je mé-
priſe également ſes charmes &

fon ardeur. Je ne crains que vôtre indifférence. C'eſt la ſeule choſe , qui puiſſe me faire trembler. L'inimitié de nos Familles ne doit pas nous allarmer. Si votre cœur eſt pour moi, notre union ne ſauroit manquer de l'éteindre. Banniſſés donc votre crainte ; & repoſés vous ſur la pureté de mes ſentimens. Ils ne tendent qu'à vous aſſurer ma foi. Donnés-moi la vôtre, adorable Julie ; & lions-nous l'un à l'autre par les nœuds du ſaint himenée. Eſpérons tout enſuite du tems & de notre conſtance.

Un pareil diſcours , répété cent fois & confirmé par mille & mille ſermens , n'étoit que trop capable de gagner une jeune perſonne. Auſſi fit - il ſur le cœur de Julie tout l'effet, que Roméo s'en promettoit. Il ſut ſi bien calmer ſes craintes , & fournir tant d'aliment

au feu , dont elle brûloit déja pour
lui ; qu'elle confentit à le revoir
toutes les nuits au même endroit ;
& qu'en le congédiant , elle lui fit
voir qu'elle ne fouhaittoit pas
moins que lui le mariage , dont il
l'avoit flatée. Cette connoiffance
enhardit Roméo. Quelques jours
s'êtoient à peine écoulés , qu'il fit
confentir Julie à courir les rifques
d'un himen clandeftin. Effet précipité d'un aveuglement trop funefte , qui leur déroboit la vue d'un
précipice caché fous les fleurs !

Le Curé de la principale Paroiffe de Vérone êtoit un Eccléfiaftique
d'un âge très-avancé , qui paffoit
pour un homme favant ; & qui
par la réputation de fa probité , s'ê-
toit attiré l'eftime & la confidération de tout le monde. Roméo ,
qu'il aimoit tendrement , lui donnoit toute fa confiance ; & ce fut
fur lui qu'il jetta les ïeux pour l'é-

xecution de son projet.

Il alla le voir dès le lendemain. Il lui parla de l'amour, qu'il avoit pour Julie, & de la résolution, qu'il avoit prise de l'épouser. Il lui représenta que la haine des deux Familles étant encore plus animée qu'elle ne l'avoit été, ses parens & ceux de Julie ne consentiroient jamais à cette alliance, s'il la leur faisoit proposer dans des circonstances si peu favorables. Qu'il en étoit d'autant plus convaincu qu'aiant fait demander Léonore, les Capelets avoient rejetté sa proposition avec toutes les marques du mépris le plus offensant. Que dans ces circonstances il ne pouvoit prendre d'autre parti que celui du se marier secrétement. Qu'il avoit lieu d'espérer que cette union pourroit rendre un jour la paix aux deux familles. Que cependant il tiendroit son mariage caché jus-

qu'à ce qu'un tems plus convenable lui permît de le déclarer. Qu'a-
lors il ne doutoit pas qu'il ne fut
aprouvé de tout le monde avec
joie. Enfin il le pria, comme son
ami, de l'aider de ses conseils,
de ses soins & de son ministere
dans une affaire, d'où dépendoit
tout le bonheur de sa vie.

L'Ecclésiastique, surpris du dessein de Roméo, lui fit connoître l'irrégularité des mariages clan-
destins, contractés par des personnes encore sous la puissance de
leurs Parens. Il lui cita les tex-
tes des Loix Civiles, des Saints
Canons, & des Constitutions de
la République qui les rejettoient.
Il n'omit rien de tout ce que la
Théologie, la Jurisprudence, le
Droit Public & Particulier nous
aprènent sur cette matière. Il
combattit ensuite avec force les
raisons, qu'il avoit alléguées. Il lui
fit

fit envifager les malheurs qui fui-
vroient infailliblement une union
de cette efpèce. Que le moins
qu'il lui put arriver étoit d'être
pourfuivi criminellement , comme
raviffeur de Julie. Il finit en lui
remontrant que la prière , qu'il lui
faifoit , de contribuer de fon mi-
niftère à cette action fi condamnable étoit injurieufe ; & que la
cenfure de fes Supérieurs , la punition des Magiftrats , le mépris
général feroient le feul prix de la
complaifance criminelle , qu'il auroit eue pour lui dans cette occafion. Roméo voulut repliquer ;
mais le Curé l'interrompit en le
priant de faire de férieufes réflexions fur tout ce qu'il venoit de
lui dire.

Roméo n'infifta pas d'avantage
dans ce moment ; mais il fe flata
de rendre le Curé plus traitable
dans une autre vifite. Il alla le

I. Partie   E

foir même à fon rendés-vous , où
Julie l'atendoit avec tous les defirs d'une nouvelle Amante. Il lui
rendit comte de ce qu'il avoit
fait depuis quelques heures ; mais
il eut foin de lui taire la manière
dont fa propofition avoit été reçue.
Il lui dit feulement que le Curé
faifoit voir quelque répugnance
à femêler de cette affaire ; mais
que fon amitié , dont il étoit fur,
feroit bien-tôt plus forte que cette
répugnance ; & que dans peu de
jours ils feroient unis par des liens
indiffolubles. Tout ce qu'il lui dit
enfuite pour lui témoigner l'impatience, qu'il avoit de la pofféder,
étoit rempli d'expreffions fi paffion-
nées , qu'elle en fentit elle-même
augmenter fa propre impatience.
Ils continuèrent durant plufieurs
autres nuits des converfations fi
tendres avec une ardeur toujours
nouvelle , & qui n'étoit rallentie

ni par la crainte d'être furpris ;
ni par le froid de la Saifon. Rien
ne rebute les Amants. Les diffi-
cultés , & les peines affaifonnent
leurs plaifirs. Elles leur donnent
même un goût plus délicat, & plus
exquis.

Roméo cependant , après avoir
laiffé paffer quelques jours fans
voir le Curé , jugea qu'il êtoit
tems de retourner à la charge. Il
emploïa pour l'ébranler tous les
moïens , dont un amour ingénieux peut s'avifer. Il lui dit que
la violence de fa paffion ne connoiffoit plus de loix ; que s'il
refufoit de l'unir à Julie , il ten-
teroit toutes chofes pour venir à
bout de la poffeder. Qu'il avoit
réfolut de l'enlever , & de la
conduire en Angleterre ; qu'il ré-
fléchît lui même férieufement aux
défordres , que fon réfus alloit caufer. Enfuite il tint des difcours,

& fit des actions d'un homme
égaré, furieux . Il ménaça de s'abandonner aux excès les plus terri-
bles. Puis s'adouciffant , il embraffa tendrement cet Eccléfiasti-
que ; il fe jetta tout à coup à fes
pieds ; il le pria , le conjura , s'efforça de l'attendrir par fes foupirs,
& par fes larmes.

Ce bon vieillard , à qui le poids
des années avoit ôté cette fermeté
falutaire , qui fait fefroidir contre
le vice , & s'armer contre lui d'une
infléxible rigueur ; entrainé d'ailleurs par fa tendreffe pour Roméo,
fe laiffa féduire par les aparences
de la douleur & du défefpoir. La
crainte s'empara de fon âme. Il
fut effraïé des projets , qu'on lui
faifoit entrevoir. Il fe perfuada fauf-
fement qu'il feroit refponfable
des égarements d'un Amant furieux. Ainfi dans la vue d'empêcher des défordres peut-être

imaginaires , la condefcendance lui fit commettre un crime réel , & puniffable. Il confentit de les marier le lendemain fur le foir dans une Chapelle particulière de fon Eglife. Roméo , comblé de joïe , lui témoigna la plus vive reconnoiffance Il fortit auffi-tôt pour inftruire Julie de ce qui venoit d'être arrêté: car il étoit dé-ja fort tard.

Lorfque cette jeune perfonne eût apris un fuccès, qu'elle défi-ï oit avec autant d'ardeur que fon Amant , elle ne laiffa pas d'être faifie de fraïeur. Mille réflexions vinrent s'offrir en foule à fon ef-prit. La force de fon amour l'avoit empêchée d'y donner toute fon attention ; mais elle vit alors dif-tinétement & fans nuages tous les dangers , qui la menaçoient. Cette veue la troubla , la fit fré-mir. Elle ne put déguifer fes al-

E 3

larmes à Roméo. Qu'on est foible,
hélas ! avec ce qu'on aime ! Quelques paroles de son Amant, des
foupirs, des larmes, des protestations, des ferments diffipèrent dans
un moment fes craintes, & la rendirent intrépide. Elle lui promit
de fe trouver le lendemain à l'heure marquée dans la Chapelle, ac-
compagnée d'une de fes Femmes,
fur l'affection de laquelle elle pouvoit comter.

Julie avoit befoin dans cette
occasion du fecours de cette Femme, nommée Béatrix. Elle avoit
eu foin depuis quelques jours de
la gagner entièrement par fes ca-
reffes & par fes bienfaits. Comme
Béatrix couchoit dans fa Chambre,
fuivant l'ufage d'Italie; Julie n'avoit
pû fe difpenfer de lui découvrir
l'amour, qu'elle avoit pour Roméo,
de même que la réfolution, qu'elle
avoit prife de l'époufer. Cette Do-

meſtique infidèle , à qui les Parents de Julie l'avoient confiée , loin de les avertir , ou de détourner cette jeune perſonne d'un projet ſi criminel , lui promit au contraire de la ſervir dans tout ce qui dépendroit d'elle C'eſt ainſi que l'honneur d'une Famille dépend ſouvent d'un Domeſtique lâche & mercenaire, qui ne rougit pas de le ſacrifier à la molle complaiſance , ou bien au ſordide intérêt.

Roméo prit congé de Julie , & ſe retira le plus ſatisfait de tous les hommes. Il ne donna que quelques momens au repos. Les Amants en goutent peu. Son premier ſoin en ſe levant , fut de charger Corſino ſon Valet de Chambre d'acheter le même jour une Echelle de Cordes , dont il avoit beſoin pour s'introduire le ſoir dans l'appartement de Julie.

E 4 .

L'ufage en eft très commun en Italie , où l'on tient les Femmes étroitement renfermées. Roméo pouvoit fe fier à Corfino. C'êtoit un ancien Domeftique dont l'efprit & l'adreffe égaloient le zèle & l'atachement.

Tout êtant prêt , Julie après avoir obtenue de fa Mère d'aller à la Paroiffe , fous prétexte de fe confeffer, s'y rendit avec Béatrix à l'heure marquée. Roméo l'atendoit avec fon fidèle Corfino. Le Curé les avoit placés fecrètement dans la Chapelle.

Il fit auffi-tôt entrer Julie avec la même précaution. Le Vieillard admira fa beauté , qui lui fit intèrieurement excufer la paffion de Roméo pour un objet fi plein de charmes. Il fit un difcours aux deux Epoux fur les obligations de l'état , qu'ils alloient prendre. Il

les exhorta de se garder jusqu'à
la mort une inviolable fidélité.
Leur aïant demandé leur consentement , il bénit leur Mariage.
Hélas ! Ces nouveaux Epoux ne
pensoient guère aux malheurs, dont
il alloit être suivi. Le bon Vieillard en eut un secret pressentiment , qui lui coûta des larmes.
Il les embrassa tous deux avec
tendresse , mais d'un air triste, &
les renvoïa.

Quand ils furent sortis de l'E-
glise , Roméo fit présent d'une
bourse remplie d'or à Béatrix. Il
lui rémit aussi l'Échelle de Cordes
& lui commanda de l'atacher
sur le minuit à la Fenêtre de la
Chambre de Julie. Ensuite il quit-
ta cette nouvelle Epouse , en lui
témoignant l'impatience, qu'il avoit
de la revoir bien-tôt. Il n'étoit
pas encore onze heures, qu'il étoit
au rendés-vous. Il accusa cent fois

là négligence de Béatrix. Elle parut enfin avec l'Echelle. Roméo monta légèrement & parvint sans aucune mauvaise avanture jusque dans la Chambre de Julie. Il ne lui dit que ce peu de mots, en l'embraffant avec tranfport : Ah ma chere Julie ! je vais donc vous poffeder. Non il n'eft que la mort feule qui puiffe me féparer de vous. Mais tirons le rideau fur des plaifirs, qui feront bien-tôt détrempés de fiel & d'amertume. Roméo, preffé de fe retirer par l'importunité du jour prêt à paroitre, ne s'arracha qu'avec peine des bras d'une Époufe chérie. Il lui promit de la vifiter fouvent à la même heure, jufqu'à ce que la fortune leur fournit une occafion de déclarer leur mariage. Revenons maintenant à Léonore.

Julie ne l'eut pas pluftôt quittée, qu'elle fe repentit de l'injufte traitement , qu'elle venoit de lui faire. Elle condamna fes emportemens contre elle,& réfolut de lui faire une fatisfaction convenable. Son âme fut enfuite preffée d'une vive douleur. Cruel Amour, s'écria-t-elle, quels font tes caprices? Tu me rends longtemps rebelle aux vœux du plus parfait de tous les Amants ; & dans le moment que mes rigueurs ont brifé fes fers , tu bleffes mon cœur du plus perçant de tes traits. Que dis-je , malheureufe ? Tu le rends fenfible pour un autre que pour moi. Tu repais mes ïeux-mêmes de ce cruel Spectacle. Barbare Amour ! raméne le calme dans mon cœur , ou rend moi cet Amant aimable , qui manque à ma félicité. Mais hélas ! aveugle Léonore , quelle eft ton erreur ? Tu l'as perdu pour jamais. Un objet plein de charmes a reçu fon hommage. Julie en connoîtra mieux le prix que toi. Roméo ne lui fera point infidèle. Reviens à moi , cher Amant. Rend moi ta foi. Je brûle d'expier mon crime. Que n'es-tu témoin de mon repentir ? Peut-être ton cœur feroit-il touché de mes maux. Ah Julie! La générosité du vôtre confent à me céder un Amant , qui fut autrefois le mien. Mais, hélas ! doit on comter fur la fincérité d'une Rivale ? N'importe éprouvons là. Ne ménageons rien pour obtenir un fi grand Sacrifice.

C'êtoit ainfi que la malheureufe Léonore cherchoit par fes plaintes à foulager fes tourmens. Elle fe coucha pour tâcher d'en calmer la violence par les douceurs du fomeil. Mais ce fut envain. Ses ïeux ne fe purent fermer de tout le refte de la nuit. Ils furent noïés de l'a-

bondance de ſes pleurs. Elle ſe
leva pour écrire à Julie ; elle la
conjura dans une Lettre pleine
d'amitié d'oublier ce qui s'êtoit
paſſé la veille & de venir au plustôt recevoir ſes excuſes

Julie , ſurpriſe du prompt retour de Léonore , comprit qu'il
êtoit intereſſé. Mais elle n'êtoit
plus d'humeur à faire en faveur
de ſa Couſine des efforts de généroſité. Peut-être la veille en eut-
elle été capable. Depuis ce peu de
tems les choſes avoient changé de face. Elle avoit revu ſon
Amant ; & quoiqu'elle n'eut pas
ceſſé de l'aimer , pour avoir promis à Léonore qu'elle ne l'aime-
roit plus , cette vue & de nouveaux ſerments d'une tendreſſe à
toute épreuve avoient conſidérable-
ment augmenté l'amour de Julie.
Ainſi ne ſe ſentant plus en ſituation de faire le ſacrifice , qu'elle

êtoit perſuadée qu'on vouloit exiger d'elle , elle ne voulut pas revoir Léonore , dont elle connoiſſoit le caractère. Mais comme
la droiture du ſien la rendoit incapable de déguiſement , elle ſe
contenta de lui répondre qu'elle
n'êtoit pas diſpoſée à mériter ſes
emportements.

Cette réponſe , qui n'êtoit point
obſcure , ralluma le couroux de
Léonore. Mais en ſe rapellant
combien Roméo l'ayoit aimée , elle
crut pouvoir ſe flater encore de
quelque eſpérance ; & dans cette
idée elle réſolut de lui faire des
avances pour le ramener. Elle
ſentit bien que le perſonnage ,
qu'elle alloit jouer n'étoit pas
celui d'une Fille de ſa condition ;
& qu'il bleſſoit la pudeur & la
retenue, qui conviennent aux perſonnes de ſon Sexe. Mais l'excès
de ſa paſſion lui fit braver les

loix de la bienséance & de la modestie.

La première chose, qu'elle fit, fut de reprendre à son service la femme qu'elle avoit fait chasser. Son nom êtoit Beraldi. Cette pauvre Femme, qui depuis ce tems êtoit sans condition, fut ravie de rentrer chés son ancienne Maitresse. Dans la vue de regagner ses bonnes graces, elle lui marqua tant de zèle & d'ardeur pour ses intérêts que Léonore ne balança pas à s'y confier. Elle lui donna tous les pouvoirs & les instructions nécessaires pour négotier un traité de paix avec Roméo. Cette nouvelle Ambassadrice de Léonore, autrefois celle de Roméo, lui fit autant d'instances pour retourner à Léonore, que cet Amant en avoit autrefois fait auprès d'elle-même pour la porter à disposer en sa faveur le cœur de sa Maitresse,

Béraldi ne fut pas plus heureuse
dans cette seconde négotiation
que dans la première. Roméo
refusa conftamment le premier ar-
ticle du traité, qui confiftoit à revoir Léonore. On eut beau le
preffer, le conjurer ; rien ne put
l'ébranler. Il ménaça même Béraldi de la faire chaffer honteufe-
ment par fes Gens, s'il la voioit
revenir à la charge.

La fureur de Léonore eft facile à concevoir. C'eft celle de
toutes les Femmes, qu'on outrage
dans un point auffi délicat. C'eft
la querelle de leurs attraits mé-
prifés, humiliés. Non - feulement
elles pardonnent peu cette forte
d'injure, elles ne croient jamais
la pouvoir affés vanger.

Léonore ne fongea donc plus
qu'aux moïens d'affurer fa - vengeance. Elle avoit un Parent, nom-
mé Thibaut, qui la recherchoit en
Mariage,

Mariage , qu'elle n'aimoit point ,
& qu'elle ne se lassoit point de mal-
traiter. Elle s'adoucit jusqu'à lui
faire assés bon acueil. Abusé par
ces fausses apparences , il les prit
aisément pour des marques de tendresse. Un jour qu'elle lui témoi-
gnoit encore plus de complaisance qu'à l'ordinaire , parce qu'elle
sentoit ce jour-la même un dépit
plus vif du procedé de Roméo ,
Thibaut la pressa de consentir
enfin à faire son bonheur. Léonore aïant jugé le moment favorable pour se déclarer , lui répondit que sa main ne seroit jamais qu'à celui dont le courage
la vengeroit de Roméo , qui l'a-
voit outragée.

Thibaut êtoit un homme fé-
roce & sans aucuns sentimens.
Il ne chercha point à démêler
ceux qui pouvoient animer le couroux de Léonore. Il s'estima trop

F

heureux de la poſſéder à quelque condition que ce fut. Plein de confiance en ſon adreſſe à manier les armes & dans la force extraordinaire de ſon corps, il ſe crut certain de la récompenſe. Il accepta donc avec chaleur le parti, qu'on lui propoſoit ; & dès le jour même il chercha partout Roméo.

Ce ne fut que le lendemain qu'il le rencontre qui ſe promenoit hors les Portes de Verone. C'étoit le cinquiéme jour de ſon Mariage avec Julie Vous êtes ſans doute encore mon Rival, lui dit brutalement Thibaut en l'abordant, ou bien vous avés offenſés Léonore. Quel que ſoit le ſujet de ſon reſſentiment, vous mérités le mien. On ne peut être que coupable, quand on a le malheur de lui déplaire. Préparés vous donc à défendre votre vie. Elle doit réparer le crime, que vous avés commis. Et tout de suite il l'ataque avec vigueur.

Roméo, qui savoit à quel homme il avoit à faire, ne s'amusa point à vouloir entrer en explication; & ne lui répondit qu'en mettant l'épée à la main. Ils se poussèrent longtems plusieurs bottes sans aucun avantage. Mais enfin à la fureur nouvelle, mais sans régle, qui transporta tout-à-coup Thibaut, Roméo s'aperçut qu'il commençoit à perdre la Tête. Il tacha d'en profiter pour le désarmer.

Thibaut étoit proche Parent de sa chère Julie. Tout ce qui pouvoit avoir quelque liaison avec elle, étoit extrèmement précieux à son Epoux, dont le dessein n'êtoit pas d'ôter la vie à quelqu'un, au fort duquel elle ne pouvoit manquer de s'intéresser. Il se conten-

ta de lui faire adroitement voler l'é-
pée hors de la main. Thibaut courut
pour la ramaſſer. Roméo, plus agi-
le, l'avoit prévenu. Thibaut, lui
dit-il, en lui préſentant la pointe
de ſon épée, ta vie eſt à moi. Je
te la donne, ſi tu veux ceſſer de
me haïr. C'eſt à toi de choiſir.
Meurs ou ne ſois plus mon ennemi. Thibaut ne vouloit ni l'un,
ni l'autre. Il ſut diſſimuler, &
promit d'abjurer ſa haine. Roméo
lui rendit à l'inſtant ſon épée. Thibaut reprit à la hâte le chemin de
Vérone, ſans donner la plus legère marque de politeſſe & de
reconnoiſſance.

Roméo, qui le connoiſſoit à fonds,
ne fut point irrité de cette conduite, à laquelle il s'étoit atendu.
Content d'avoir obligé ſon aimable Julie dans la perſonne de ſon
Parent, il continua ſa promenade.
Le ſoir il ne put s'empêcher de

faire le récit de fon avanture à Julie. Elle en frémit. Cher Epoux, lui dit-elle en l'embraffant tendrement , je reconnois la colére de l'implacable Léonore. Elle brûle de répandre votre fang. Elle ne s'en tiendra pas à ce premier effai. Bien-tôt elle armera d'autres bras contre vous. Redoutés fes trahifons , & fongés à mettre votre vie à l'abri de fes lâches artifices. Roméo , convaincu de la vérité de ce difcours , ne laiffa pas de raffurer fa chère Julie , & lui promit de fe tenir fur fes gardes contre les embuches de fes ennemis.

Julie ne fe trompoit pas dans fes conjeêtures. Thibaut , plein de rage d'avoir été défarmé par Roméo , méditoit d'afreux projets de vengeançe. Il n'ofa s'offrir après fon avanture aux ïeux de Léonore. Elle l'envoïa chercher.

dans l'impatiénce , qu'elle avoit
de savoir des nouvelles de son
combat. Il parut devant elle avec
la confusion dans les ïeux , &
lui confessa naturellement sa disgrace. Elle en fut dans le fonds du
cœur extrèmement irritée contre
lui ; mais elle dissimula. Loin de le
décourager, elle le consola de son
malheur , & l'enhardit à prendre
sa revanche, non plus par la force
ouverte , mais par des voies plus
sures & moins dangereuses. La
générosité, lui dit cette méchante
Fille , n'est pas une vertu, dont
on doive faire parade dans de
certaines conjonctures. Elle de-
vient une foiblesse, lorsqu'il faut punir une offense d'éclat. C'est dans
le sang de son ennemi qu'il la faut
laver. Qu'importe de quelle manière on le répande , pourvu qu'il
soit versé. L'on doit tout sacrifier
à sa vengeance. Songés , Thibaut,

à vous affurer la vôtre , & que
Roméo n'échape plus a vos coups.
* Ce conseil étoit trop conforme
aux inclinations de Thibaut , pour
être rejetté. Ravi qu'il se trouvât
auffi du gout de Léonore , il lui
promit de prendre fi bien fes mefures pour fe defaire de leur ennemi commun , qu'elle auroit lieu
d'en être fatisfaite. Il ne fongea
donc plus qu'à chercher l'occafion de la furprendre & de l'a-
taquer à fon avantage.

Le jour ne lui paroiffant pas
propre pour exécuter fon deffein ,
il ne manqua pas de faire exac-
tement fa ronde toutes les nuits.
Mais Roméo n'étoit pas à portée
d'être furpris. Il avois compris à
la manière , dont Thibaut s'êtoit
feparé de lui , que cet ennemi ne
fe piqueroit pas de lui tenir fa promeffe. C'eft ce qui lui fit prendre
des précautions fi juftes que fans

rifquer la réputation de Julie , il
continua de l'aller voir toutes les
nuits , & fe mit en même tems
à l'abri des mauvais deffeins de
Thibaut.

Ce lâche fut au defefpoir de voir
avorter fes projets. Quand il fut
perfuadé que la rufe ne lui réuffi-
roit pas , il réfolut d'en venir à
la force ouverte. Il réveilla la haine de fa Famille , qui ne cherchoit qu'un prétexte pour éclater. Comme il en êtoit un des
principaux Chefs, il affembla tous
les Capelets, & les anima fi bien à
la vengeance , qu'ils formèrent le
deffein de reprendre les armes à
la premiére occafion ; & d'exter-
miner entiérement les Montéfches.
C'êtoit le feul moïen , qui reftoit à
Thibaut de faire périr Roméo.

Les Capelets n'atendirent pas
longtems l'occafion. Peu de jours
après ce complot , quelques-uns
d'entr'eux

d'entr'eux rencontrèrent près du
Chateau de Vérone une poignée
de leurs ennemis. Thibaut étoit
à la tête des premiers. Il commença par les insulter de paroles,
& les autres aiant répondu sur le
même ton, on en vint bien-tôt
aux mains.

Le combat s'échauffe, le bruit
s'en répand par toute la Ville.
il survient à chaque instant de
nouveaux combatants, Roméo,
suivi de plusieurs de ses amis,
y court, & par le secret intérêt,
qu'il prend à la conservation des
Capelets, il fait tous ses efforts
pour pacifier la querelle. Il se précipite dans la mêlée, pare les
coups & n'en portant aucun, éle-
ve sa voix, & fait entendre ce
peu de mots: Cessons nos funestes
divisions, Soïons amis. C'est trop
long-tems déchirer le sein de notre Patrie.

I. Partie.   G

La voix de Roméo frappe les oreilles de Thibaut. Il le reconnoit. Il s'avance, Il voit cet ennemi généreux, auquel il doit la vie, tandis qu'il est alteré de son sang, & qu'il brûle de le répandre. Cette vue l'enflame d'une nouvelle fureur. Il avance ; & croïant le renverser à ses pieds, il lui porte un coup, auquel Roméo ne s'attendoit pas, mais que trop de précipitation rend inutile.

Roméo, se sentant frapper, se détourne, aperçoit Thibaut, & loin de songer d'abord à se venger, il lui dit : Quelle est ton ingratitude! Pour prix d'avoir conservé tes jours, tu n'as pas honte d'attaquer les miens avec perfidie : Sois touché de ma patience. Tu dois te souvenir qu'elle n'est point un défaut de courage. Terminons enfin de bonne foi nos

divisions , & que la prompte réunion de nos Maisons soit l'ouvrage de notre exemple & de
nos conseils. Lâche , répond le fé-
roce Thibaut , c'est du sang qu'il
me faut , & non de vaines paroles.
En même tems il lui décharge sur
la tête un second coup capable
de le renverser, s'il ne l'eut
paré. Justement indigné d'une action si brutale , Roméo ne mé-
nage plus rien. Il presse Thibaut
à son tour , mais avec tant d'a-
dresse & de vigueur , qu'au troi-
sième coup qu'il lui porte il le fait
tomber mort.

La mort de Thibaut termina
la querelle générale. Les deux
partis l'avoient suspendue pour
être spectateurs de ce combat particulier. Thibaut étoit , comme je
l'ai dit , un des premiers de sa
Famille , soit par ses richesses ,
soit par la réputation , qu'il avoit

acquife dans l'exercice des armes,
Roméo n'étoit pas moins confi-
déré dans la fienne pour fes vertus, & pour fa valeur. Chacun
attendoit donc avec un empreffement mêlé de crainte & d'efpérance de quel côté la victoire fe
déclareroit, & fembloit avoir remis le foin de fa vengeance à ces
deux braves combatans.

Sur ces entrefaites le Juge, aïant
apris ce qui fe paffoit, envoia des
Soldats pour faire quiter les armes aux deux partis. Ils arrivèrent
quelques moments après la mort
de Thibaut. Roméo, qui les vit
venir, fe retira fur le champ. Quoiqu'il ne fut point coupable, &
qu'il n'eut fait que défendre fa vie,
il ne crut pas devoir s'expofer au
Jugement du Sénat. Il fongea
donc à mettre fa perfonne hors
d'infulte. Il choifit la Maifon de
l'Eccléfiaftique, dont j'ai parlé, dans

laquelle il devoit être plus en
fureté, que dans aucun azile.

Quoique les Capelets euffent
été les Aggreffeurs, ils ne laiffè-
rent pas , pour émouvoir la pitié
des Magiftrats , de faire porter le
Corps de leur Parent en leur pre-
fence , & de leur demander haute-
rement Juftice. Les Montefches
s'y trouvèrent auffi pour défendre
l'innocence de leur Parent. Ils re-
montrèrent aux Juges qu'il n'avoit
fait que ce que la Loi permettoit de faire à tout homme , qui
fe voit attaqué , c'eft-à-dire de
repouffer la force par la force.
Le Sénat , extraordinairement
affemblé , donna dans cette occafion un exemple de févérité, qu'il
crût indifpenfablement néceffaire au bien de la Patrie. Il ban-
nit Roméo du Territoire de Vérone pour dix ans , mais fans aucune note d'infamie ; & défendit fous

les plus rigoureuſes peines aux
deux partis d'en venir réciproque-
ment aux mains.

Cet Arrêt excita des murmures
dans la Ville. Roméo poſſedoit
l'eſtime générale , & l'on étoit
perſuadé que ſon action n'avoit
rien de condamnable. L'infortunée
Julie penſa mourir de douleur, lorſ-
qu'elle aprit un jugement ſi rigoureux. Béatrix étoit occupée à
lui donner la conſolation , dont
elle avoit beſoin dans une ſi cruelle
circonſtance. Ne vous laiſſés pas
accabler , lui diſoit-elle. Mètés
des bornes à votre affliction. L'e-
xil de Roméo ne ſera pas long.
Son mérite , ſes vertus , ſa naiſſance , en le reſtituant bien-tôt
à ſa Patrie , ne tarderont pas à
le rendre à votre amour. Si la
fortune nous ſépare pour un tems ,
elle nous rejoindra pour toujours.

Béatrix, répondit Julie, je ne doute pas que mon Epoux ne se soit retiré chez son ami. Va, cours, hâte-toi de m'en raporter des nouvelles. Exprime lui mon trouble, & ma douleur. Dis lui surtout avec quelle ardeur je desire de le voir. Béatrix sortit à l'instant pour s'aquiter des ordres de sa Maîtresse ; & dès la nuit même Roméo vint voir Julie.

Lorsqu'il fut entré dans sa Chambre, elle courut dans ses bras. Elle y demeura comme pâmée. Ils furent longtems dans cette situation sans pouvoir s'expliquer que par des pleurs, des soupirs & des sanglots. Roméo rompit le premier le silence. Je pars, ma chère Julie, lui dit-il. Je vais me séparer de tout ce qui peut m'atacher à la vie. C'est dans ce moment que vous devés me donner des preuves de votre courage & de

G 4

votre vertu. Faifons rougir les hommes de leurs injuftices. Opofons à leurs rigueurs une conftance inaltérable. Quoi ! vous prétendés me laiffer feul dans ces triftes lieux , répondit cette aimable femme. Ah ! ne penfés pas que je puiffe fuporter une fi cruelle abfence. Non , non ; je ne vous quitterai point. Je fuivrai mon Epoux. Il me feroit impoffible de vivre éloignée de lui. Je changerai d'habit pour n'être pas reconnue. Je ferai fans ceffe avec vous. Je vous fervirai partout avec zéle J'adoucirai par mes foins & par ma tendreffe , les ennuis d'une vie errante & malheureufe. Me refuferés-vous cette confolation ? Il m'en couteroit la vie. Laiffésvous atendrir par mes larmes ; & fi mes foibles atraits ont jamais trouvé grace devant vous , c'eft maintenant que je vais juger du

pouvoir qu'ils ont fur votre
cœur.

Roméo la prit une feconde fois
dans fes bras , & la ferrant avec
tranfport ; Julie, lui dit-il , ô vous,
de qui tout mon bonheur dépend ,
écoutés-moi, je vous en conjure.
Avés - vous bien réfléchi fur les
fuites funeftes de votre projet ?
Votre fuite de la Maifon paternelle entraineroit notre perte
commune. Vos Parents ne tarde-
roient pas à nous pourfuivre ,
& nous ferions punis , vous comme rebelle à leur puiffance , &
moi comme un perfidie raviffeur.
Mon abfence durera peu. Mes
Parents & mes amis obtiendront
mon retour. Julie , ma chère Julie , montrés vous digne de votre Epoux. N'augmentés pas fa
douleur par l'excès de la vôtre.
Vous le reverrés bien-tôt à vos
genoux , & toujours embrafé de
la même ardeur.

Julie ne refista plus. L'amour, & la raison la firent se soumettre sans murmure à la volonté de son illustre Epoux. Ils convinrent de soulager les peines de leur absence, en se donnant souvent de leurs nouvelles. Ils passèrent cette dernière nuit à se jurer une éternelle tendresse ; mais enfin la crainte d'être surpris par le jour obligéa Roméo de se retirer. Ils se quittèrent pénétrés l'un & l'autre de la plus vive affliction. Le même jour Roméo, suivi de son fidèle Corsino, partit de Vérone, sous l'habit d'un Marchand étranger, pour se rendre à Mantouë.

C'est-là qu'il avoit résolu de passer le tems de son exil, soit pour n'être pas trop éloignée de Vérone, soit pour vivre avec quelques Parents, qu'il avoit dans cette Ville. Il y prit une Maison & des Domestiques, renvoya

Corſino chez ſon Père avec ordre de l'avertir éxactement de
toutes les choſes, qui concerne-
roient ſes intérêts ; & chercha
dans le commerce des honnêtes
gens à diſſiper ſes ennuis.

L'infortunée Julie ne put déguiſer
les ſiens. Ils parurent ſur ſon viſage & dans ſes actions. Elle rom-
ba dans une affreuſe mélancolie,
qui rendit ſa ſanté foible & lan-
guiſſante. Sa Mère, qui l'aimoit
avec tendreſſe, l'aïant entendu
ſoupirer, s'efforça d'en découvrir
la véritable cauſe. Elle lui fit mille careſſes pour arracher ſon ſecret. Julie n'avoit garde de le lui
révéler. Cette tendre Mère, voïant
ſes efforts inutiles, dit à ſon Mari
qu'elle ne ſavoit que penſer de
la ſituation, où Julie êtoit réduite ;
que depuis la mort de ſon Coû-
ſin elle ne cherchoit plus que la
ſolitude ; & que le chagrin, qui

la dévoroit , altéreroit à la fin entièrement sa santé.

N'auroit-elle pas quelque secre-
te inclination , répondit l'Epoux ;
ou ne seroit-elle point fâchée de ce
que nous ne la marions pas? Les Filles se lassent souvent de leur état; &
quoique la nôtre soit encore jeune , le plustôt que nous lui don-
nerons un Mari , ce sera le mieux.
La pudeur. l'empêche de nous
avouer ce qu'elle désire peut-être
avec ardeur. C'est à nous , qui
la chérissons , à faire pour elle un
choix , qui nous fasse honneur ,
& qui puisse lui plaire. D'ailleurs
nous n'avons que cette enfant.
Quel plaisir de nous voir renaître
sans cesse dans ceux , auxquels elle donnera le jour ? Pouvons nous
gouter trop tôt une si douce satisfaction ? La Mère de Julie a-
plaudit aux réfléxions de son
Mari.

Dans ces entrefaites plusieurs
Gentilshommes d'un mérite & d'u-
ne naissance distinguée firent demander Julie à ses Parents. Le
Comte de Londroné fixa seul leur
atention. Ils crurent ne pouvoir
mieux marquer à leur Fille l'a-
mour, qu'ils avoient pour elle, qu'en
l'unissant avec un homme, qui
possedoit tous les avantages, qui
peuvent faire le bonheur d'une
Femme.

Le Comte joignoit de grandes
richesses à la plus haute extrac-
tion. Il étoit jeune & d'une
belle figure. Les qualités du cœur
& de l'esprit répondoient à ces
avantages extérieurs. Des mœurs
pures, de la probité, de la douceur, des talents aimables achevoient de le rendre un Cavalier
parfait. Julie lui fut donc accordée
avec empressement sans même avoir
été consultée.

Sa Mère, penfant la combler de joie, accourut dans fa Chambre pour lui faire part de cette nouvelle. Elle ne s'attendoit pas à fa réponfe. Julie fe plaignit du peu de cas, qu'on avoit fait d'elle, en promettant fa main, fans qu'on eut feulement demandé fon confentement. Elle déclara nettement qu'elle ne feroit jamais au Comte de Londromé; qu'elle choifiroit pluftôt la mort que de l'accepter pour Epoux. Sa Mère, furprife de ces paroles, ne fut à quoi les attribuer. Elle comprit que la plainte de Julie de n'avoir pas été confultée, n'étoit qu'un faux prétexte. Sa Fille cependant ne voioit perfonne, & vivoit d'une manière fort retirée. Elle la quira, fans lui rien dire davantage; & rencontra fon Mari comme elle rentroit dans fon apartement. Il s'apperçut de fon agita-

tion , & voulut en savoir la cause. Elle ne put lui dissimuler de
quelle manière Julie venoit de
recevoir la proposition de son
Mariage avec le Comte de Lon-
dronée.

Le Vieillard s'emporta beaucoup
à ce recit. Il envoia sur le champ
chercher Julie. Fille indigne de
mon sang, lui dit-il , c'est en te
révoltant ouvertement contre mes
volontés que tu reconnois les soins,
que j'ai pris de ton éducation ?
Tu méprises la recherche du Comte. Où crois-tu rencontrer une si
haute naissance , des biens plus
considérables , un mérite plus esti-
mé. Sa personne est aimable , il
est jeune , il t'aime. Quel aveuglement de t'opofer seule à ton
bonheur ? Réfléchis sérieusement
aux suites de ton obstination. Je
te donne huit jours pour prendre
ton parti. Tu choisiras après ou

la main du Comte, ou le Couvent. C'est dans cette retraite que tu pourras tout à loisir pleurer tes erreurs & ta désobéissance.

Julie, s'étant jetté aux pieds de son Pére, voulut parler; mais l'abondance de ses larmes, jointe à ses sanglots, ne le lui permit pas. Il fut atendri; mais pour ne lui donner aucune marque de foiblesse, il sortit à l'instant. Julie se retira dans sa Chambre pénétrée de la plus vive douleur. Elle refusa de prendre le soir aucune nourriture. Elle passa la nuit dans les pleurs, & sans gouter un seul moment la douceur du sommeil.

Béatrix s'efforçoit en vain de la rassurer. Elle en avoit aussi besoin qu'elle; se sentant encore plus coupable. Les châtimens, qu'elle avoit mérités, s'offroient sans cesse

cesse à ses ïeux. Elle ne pouvoit
pas douter que ce ne fut sur elle
que tomberoit tout le poids de
la vengeance des Parents de Julie. Ce qui mètoit le comble à
ses fraïeurs ; c'est que cette jeune personne , qu'elle avoit si mal
gardée , étoit grosse de plusieurs
mois. En cet état elle ne pouvoit
lui conseiller d'épouser le Comte.
D'ailleurs c'eut été vainement qu'elle eut voulu l'y porter. Julie se feroit pluftôt donné la mort que de
renoncer à son cher Roméo. Dans
huit jours cependant il falloit épouser le Comte , ou se renfermer
dans un Couvent. Or comment
acoucher dans une Maison Re-
ligieuse sans un horrible scandale,
& sans que les Parens en fussent
avertis. Béatrix n'envisageoit qu'-
un affreux avenir pour elle , de
quelque façon que les choses tour-
nassent , à moins que Julie ne se

déterminât à prendre la fuite. Ce
dernier expédient êtoit extrèmement dangereux , pour ne pas
dire impoſſible. Elle ne ſavoit
donc à quoi s'arrêter , & ne
voioit de tous côtés que de fâcheuſes extrèmités.

Les ténèbres de la nuit n'eurent pas pluſtôt fait place à la
lumière du jour, que Julie ſortit ſe-
crètement avec Béatrix pour ſe rendre chés le Curé de Vérone. Elle
ſe flata qu'il pourroit lui donner
quelque conſeil dans une ſituation ſi déplorable. Elle lui rendit
comte du Mariage, auquel ſon Père
vouloit l'engager , & de la terrible ménace, qu'il avoit faite , ſi
dans huit jours elle ne donnoit
pas la main au Comte de Londroné. Mais, ajouta-t-elle en ré-
pendant un torrent de larmes, je
ne puis être qu'à mon Epoux. Il
a reçu ma foi , rien ne ſera ca-

pable de me faire changer, & si
l'on veut me contraindre à lui devenir infidèle, je saurai prévenir cette violence par une mort
volontaire. N'en doutés pas; ma
main tranchera pour jamais le
cours d'une vie malheureuse.

Le Curé fut touché jusqu'aux
pleurs du désespoir de Julie. Il le
voïoit peint sur son visage & dans
ses ïeux. Il tâcha de la rassurer,
& de faire renaître l'espérance
dans son cœur. Ensuite il passa dans
son Cabinet pour réfléchir sérieusement aux moïens de lui donner
du secours. Il fut d'abord épouvanté de l'imprudente démarche
qu'il avoit faite, en mariant sécre-
tement ces jeunes gens sans la participation de leurs Parens. Il vit
clairement les périls, ausquels il
s'êtoit exposé par sa complaisance.
Il comprit qu'on ne manqueroit
pas de mettre sur son comte tous

les malheurs , qui suivroient une
union de cette nature. Cependant vaincu par la pitié , défarmé
par la douleur de Julie , craignant les effets de fon défefpoir ,
il aima mieux hazarder le foin
de fa réputation & de fa vie
même que de fouffrir un adultère
dans le nouveau Mariage qu'on
projettoit.

Il prit une Fiole remplie d'une
poudre dont il connoiffoit les pro-
prietés , & rejoignant Julie ; prenés courage , ma Fille , lui dit-
il. Le Ciel m'infpire un deffein
pour vous délivrer des dangers ,
qui vous ménacent. J'aime votre
Epoux. Il m'eft auffi chèr , que
fi les liens du fang m'atachoient
à lui. Vous êtes liée à fon fort ,
je ne fouffrirai pas que vous en
foïés féparé. Ecoutés moi donc ,
Julie , avec atention ; & prenés
garde furtout à ne jamais révé-

ler le fecret , que je vais vous
confier.

Il eft peu de Régions dans ce
vafte Univers, que je n'aie parcou-
rues dans ma jeuneffe. Mes voïages n'ont pas été fans fruit. J'ai
fait l'acquifition d'un grand nombre de connoiffances , qui regardent les fecrètes propriétés des
Pierres , des Plantes & des Métaux.
C'eft à ces connoiffances que jo
dois la compofition de la poudre,
que vous voïés dans cette Fiole.

Elle a la vertu d'affoupir les fens
& les efprits, au point que quiconque en a pris , paroît entièrement
privés de la vie , aux ieux même
des Médecins les plus habiles.
Elle produit encore un effet plus
merveilleux. C'eft que cette perfonne ne fent aucune douleur ;
qu'elle entre après un quart d'heure
de temps dans un païfible fommeil ;
& que lorfque l'opération eft ache-

vée , elle retourne dans son premier état , sans que sa santé souffre la plus legère altération. Dépouillés-vous , Julie , de toutes les foiblesses de votre sexe , & bannissés entièrement la crainte & l'effroi. Prenés cette petite Bouteille , que je vous remets. Conservés la précieusement. Le jour destiné par vos Parens à vos fiançailles , une heure avant la cérémonie , vous remplirés d'eau cette Fiole & vous avalerés ce qu'elle en pourra contenir. Peu de tems après , ainsi que je vous l'ai déja dit , vous sentirés un doux sommeil se glisser dans toutes les parties de votre corps , qui deviendra dans le moment même immobile. Vous resterés dans cette espèce d'extase environ quarante heures , sans aucun poux perceptible. Vos Parens après un certain espace de tems vous jugeant

privée de la vie vous feront porter dans le Caveau de mon Eglise , qui renferme la sépulture des
Capelets vos ancêtres. Cependant
je ferai partir un exprès pour donner avis à Roméo de se rendre
chés moi sans retardement. Nous
ferons ensemble l'ouverture du
Caveau ; nous enléverons vôtre
corps , avant que l'opération de la
poudre soit achevée ;& sur le champ
il vous conduira secrètement à
Mantoüe. Il arrivera peut-être un
jour des événemens , qui vous
feront jouir l'un & l'autre d'un
sort tout à fait heureux

Le Vieillard n'eut pas pluſtôt
cessé de parler , que la joie s'empara du cœur de Julie. Elle lui
témoigna sa réconnoiſſance , &
lui promit d'exécuter fidèlement
tout ce qu'il avoit prescrit. Je
suis prête , lui dit-elle , à recevoir la mort même d'un œil in-

trépide. Je là préférerois à l'horreur de tomber en la puissance d'un homme à qui je ne peux être unie. Jugés de ce que je suis capable d'entreprendre pour me conserver au seul , de qui dépend tout le bonheur de ma vie. Je louë votre courage , ma Fille , reprit le vieillard Allés en paix. Je vais prier le Ciel de vous confirmer dans cette généreuse résolution.

Lorsque Julie fut de rétour chés elle, elle alla trouver sa Mère; & d'un visage riant , elle l'assura qu'elle êtoit disposée à faire tout ce qu'elle ordonneroit. Elle lui dit qu'elle devoit ce changement aux conseils du Curé de Vérone , qu'elle êtoit résolue de suivre , malgré la répugnance naturelle, qu'elle avoit pour le Mariage. Elle la pria d'obtenir pour elle de son Père le pardon de sa désobéissance & de

l'assurer

l'affurer qu'elle étoit prête d'obéir à fa volonté.

Sa Mère, l'aïant embraffée avec tendreffe, alla trouver fur le champ fon Epoux, auquel elle raconta ce qui venoit de fe paffer. Ce n'eft pas le premier bienfait, s'écria-t-il, que nous aïons reçu de ce faint homme. Il n'eft dans cette Ville aucun Citoïen, qui ne lui foit redevable de quelque important fervice. Comment pourrons-nous nous aquiter envers lui ?

Le lendemain il fut voir le Comte de Londroné, qu'il amena lui-même dans la Chambre de fa Fille. Julie le reçut avec beaucoup de politeffe, & fans lui marquer aucune répugnance. Le Comte continua de lui rendre vifite tous les jours, jufqu'à la veille des fiançailles, au grand contentement des Parens de Julie. Tout étoit préparé pour célébrer cette Fête avec

toute la magnificence qui conve-
noit à des perfonnes d'une naiffance fi diftinguée. Elle devoit fe
faire à Villa-França, Maifon de
plaifance éloignée d'un Mille de
Vérone , & dont le Père de Julie
étoit poffeffeur. Les nôces devoient
fuivre deux jours après à Vérone
avec une pompe encore plus éclatante.

Julie fentant aprocher le fatal
inftant continuoit à diffimuler de
fon mieux. Le jour de fes fiançailles parut enfin. Elle fe leva fur
les fix heures du matin , parce
qu'elle devoit partir à huit ; elle
éveilla Béatrix , prit la Fiole , la
remplit d'eau , fit fa prière , puis
fe remit dans fon lit.

Ce fut alors que fa conftance
faillit à l'abandonner. La fraïeur
d'une mort prochaine s'empara
d'elle. Elle ne favoit plus à quoi
fe réfoudre. Que fai-je , dit-elle à

Béatrix , quel effet peut produire cette liqueur , que je vais prendre avec tant de confiance ? Si j'en étois la triste victime ? Si je devenois la fable de Vérone & de toute l'Italie ? Comment pourrai-je rester dans ces tombeaux , sans être dévorée par les insectes de ce sombre séjour ? comment supporterai-je la puanteur des Cadavres, dont cette affreuse demeure est infectée ? Si je venois par hazard à m'éveiller avant que Roméo vint m'en retirer ? Enfin , si le Ciel changeoit cette feinte en réalité ? que ferai-je ? A quoi me résoudre ? Ah ! ma chère Béatrix tout m'allarme , & m'épouvante.

Son imagination ainsi frappée de tant de funestes idées, lui répréfenta la place, qu'elle alloit occuper auprès du cadavre, encore tout fanglant de Thibaut, tué par fon Epoux,

Elle crut entendre les reproches
que ce Parent alloit lui faire. Elle
s'imagina voir une foule de fpec-
tres la tirer de tous côtés , la
mettre en piéces & fe vanger du
facrilége , qu'elle commettoit , en
troublant leur répos , en violant
la fainteté de leur afile. Elle en
friffonna d'horreur , fes cheveux
s'hériffèrent , une fueur froide fortit de fon corps & la glaça
d'effroi.

Béatrix , non moins agitée
qu'elle , la raffura néanmoins le
mieux qu'il lui fut poffible. Ne vous
laiffés point aller , Madame , lui
dit-elle , à de vaines terreurs.
Comtés fur la protection du Ciel.
Roméo , votre fidéle Roméo va
voler à votre fecours. Cette penfée lui donna tant de force &
de courage , qu'après avoir im-
ploré la protection du Ciel , elle
prit à l'inftant même la Fiole , &

bût jufqu'à la derniere goute de
la liqueur, dont elle êtoit pleine.
Enfuite aïant croifé fes bras fur
fon eftomac, elle atendit fon
fort avec une parfaite réfignation.
Elle perdit un quart-d'heure après
toute connoiffance & tout fentiment;& fans aucun facheux fimp-
tôme, elle entra dans une efpèce
de fommeil létargique, ainfi que
le Curé l'avoit prédit. Auffi-tôt
Béatrix fe recoucha, non fans
une fraïeur mortelle. Elle atendit
dans cet état l'arrivée de la Mère
de Juſie, qui devoit affifter à la toi-
lete de fa Fille.

Celle-ci ne tarda pas à venir & tandis qu'elle fait des reproches à Béatrix de fa pareffe, elle
s'aproche du lit de fa Fille, qu'elle
croit encore endormie. Elle tire
les rideaux pour l'éveiller. Voïant
qu'elle ne répondoit pas, elle lui

I 3

met la main fur la bouche, qu'elle trouve fans refpiration. Elle touche enfuite fon corps, elle le retourne, & le fentant froid & fans mouvement, elle fait retentir la Maifon de fes cris.

Béatrix fe jette en même tems hors du lit, accourt à celui de Julie, la prend entre fes bras, pouffe les plaintes les plus touchantes, & donne des marques fi naturelles de la douleur la plus vive, qu'il eft impoffible de ne les pas croire fincères. Elles fortent alors l'une & l'autre de la Chambre tout échevelées ; & jettant des cris affreux, elles répandent le trouble & le défordre dans toute la Maifon.

Le Comte de Londroné ne faifoit que d'entrer. Le Père de Julie êtoit defcendu pour le recevoir. Le bruit effroïable qu'on faifoit, rétentit bien-tôt à leurs oreilles. Ils montent à la hâte & rencontrant fur leurs pas ces deux Femmes, qui s'arachoient les cheveux. Ils font eux-mêmes faifis de crainte, & de terreur, Ah ! Malheureux Père, s'écrioient-elles toutes deux à la fois ! Ah ! Comte infortuné ! Ma chère Julie , vous n'êtes plus, & nous vous perdons pour jamais.

Ils entrent tousen même tems dans la Chambre de Julie. Ils font témoins du fpectacle de fa mort, qu'il croient véritable. Les cris & les plaintes deviennent alors générales. Ils envoient chercher les plus habiles Médecins. On vifite le corps de Julie ; on l'examine avec atention ; on le juge abfolument privé de la vie. Le deuil recommence, le bruit de cette mort fe répand dans Vérone. Julie eft regretée de tout le monde , parce qu'elle eft univer-

fellement eftimée pour fes vertus
& pour fa beauté. Le Comte de
Londroné , ne pouvant plus fuporter la vue d'un objet , qui lui
perce le cœur , fe retire dans fa
Maifon. Là noié dans fes larmes
il fe livre fans aucun ménagement
à toute la douleur , que fa perte
lui caufe.

Le Curé de Vérone , inftruit
de la feinte mort de Julie , dépêcha fur le champ un Exprès à
Roméo. Sa Lettre contenoit un
long détail de tout ce qu'il avoit
fait pour lui conferver Julie. Il
lui recommandoit de fe trouver
la nuit fuivante à Vérone , pour
la retirer du Sépulcre , & la conduire enfuite dans le lieu de fa
refidence. Il prefcrivit au Meffager de faire une très grande diligence , & de remettre fa dépê-
che en main propre à Roméo.

Le Meffager fe rendit en peu

de tems à Mantoue , & courut chés Roméo , qui depuis quelque-tems , étoit à la campagne avec tous ses gens. Mais comme il en devoit revenir le lendemain de bonne heure , le Messager alla descendre dans une auberge. Laissons-le s'y reposer inutilement , en attendant l'arrivée de Roméo , qu'il ne verra point.

Cependant on fit à Vérone de magnifiques obsèques à Julie , qui fut placée au milieu des regrets de toute la Ville , dans le tombeau de ses Ancêtres. Le fidèle Corsino vit cette lugubre cérémonie. Aussitôt il prit la poste , courut toute la nuit , & le lendemain , en arrivant à Mantoue , il trouva Roméo revenant de la Campagne & rentrant chés lui.

Corsino plein de poudre & de sueur étoit méconnoissable. La douleur étoit peinte dans ses ïeux.

Roméo soupçonna qu'il aportoit de mauvaises nouvelles. Un secret pressentiment le fit frissonner d'horreur. Il le fit aussi-tôt monter dans son Cabinet , & lui-même en aïant fermé la porte ; que viens-tu m'annoncer , lui dit-il avec précipitation ? Parles , ne me déguise rien.

Ah ! Seigneur , répondit Corsino , versant un torrent de larmes , je sais que je vais vous percer le cœur ; mais je ne puis vous taire que l'infortunée Julie vient de vous être enlevée par une mort cruelle. Mes ïeux ont êté les tristes témoins de sa pompe funèbre. Ils l'ont vu descendre dans le Sépulcre de ses Pères. Vous ne la verrés plus. Roméo resta comme immobile à ses paroles , sans en répondre une seule. Sa vuë étoit fixe dans un même point ; il ne versa pas une seule larme , il ne

profera pas une plainte. Il demeura près d'un quart heure dans cette
dangereuse situation & comme
abimé dans la plus profonde rê-
verie.

Il sortit enfin de cet assoupisse-
ment , & jettant sur Corsino des
ïerx égarés : Julie n'est plus , dit-
il ! Il suffit. Je n'ai plus rien à
ménager après cette perte. Retourne , Corsino, retourne promptement à Vérone. Prépare avec
soin toutes les choses nécessaires
pour ouvrir le tombeau de Julie ;
& m'atens , sur le minuit , auprès
de l'Eglise , qui renferme ce précieux dépôt. Va ; ne perds pas un
moment. Je connoitrai la sincérité de ton atachement par ta diligence & ton exactitude à t'a-
quiter de mes ordres ; & je saurai
recompenser ton zèle. Corsino ,
sans repliquer , quite son Maître , & remonte à cheval ,

fans avoir pris un moment de repos.

Roméo , fe livrant au defefpoir
& n'envifageant que l'horreur de
fon fort , n'eut rien de plus preffé
que de fe rendre à Vérone.

Mais , avant de quiter Mantoue,
plein du projet furieux , qu'il méditoit , il écrivit une longue Lettre à fes Parens. Il leur aprenoit
l'Hiftoire de fes amours & de
fon mariage , & les prioit de lui
pardonner le chagrin , qu'il alloit
leur caufer par la funefte réfolution , qu'il avoit prife de fe donner la mort. Il cacheta cette Lettre de fes armes , mit l'adreffe à
fon Père , & la ferra foigneufe-
ment dans fa poche. Après quoi
s'étant fait amener un cheval , il
partit feul ; & vers le milieu de
la nuit , il alla defcendre à Vérone près de l'Eglife , où Corfino , muni de tous les outils né-

ceffaires à fon deffein l'atendoit,
Il lui défendit fous peine de la
vie de l'empêcher d'exécuter tout
ce qu'il voudroit entreprendre,
Il lui commanda de porter la Lettre dont j'ai parlé le même jour
à fon Père, & pour le récom-
penfer de fes fidèles fervices, il
lui remit une bourfe remplie d'or,
& de pierreries. Ils ouvrirent enfuite l'Eglife, puis le Sépulcre; & tous
deux y defcendirent avec des flambeaux, qu'ils allumérent. Roméo reconnut facilement le corps de Julie,
Il étoit couché dans un Cerceuil
tout ouvert.

Après avoir entièrement découvert fon vifage, fes mains,
& fes pieds, il la prit entre fes
bras, & l'arrofa de fes larmes. Enfuite il examina fi véritablement
elle étoit morte ; & toutes les
épreuves qu'il fit lui confirmant
qu'elle ne vivoit plus : adorable

Julie, s'écria-t'-il en tirant son épée, Julie, que j'étois indigne de posséder sur la terre, je te rejoindrai bien-tôt chés les morts. Accepte le sacrifice, que je te fais de ma vie, elle me seroit à charge après le malheur de t'avoir perdue. Mes cendres vont être pour jamais confondues avec les tiennes. Quelle Sépulture pourrois-je choisir, qui me fut plus douce & plus glorieuse ? reçois donc la dernière preuve d'un amour tendre & fidèle. Il se perça dans le même instant, & tomba sur le corps de Julie, qu'il tenoit étroitement embrassé.

Corsino, témoin du désespoir de son Maître, mais oubliant la rigueur des ordres, qu'il avoit réçus, ne songea plus qu'à le sauver s'il en étoit encore tems. Il l'arracha de Julie avec peine, retira l'épée qui lui perçoit le corps

de part en part , & banda promp-
tément la bleffure avec fa cravate
pour arrêter le fang , qui fortoit
en abondance.

Il avoit à peine fini lorfque le
Curé , furpris de n'avoir aucune
nouvelle de Roméo ni du Meffager qu'il avoit envoïé , vint dans
l'Eglife avec un Domeftique fidèle
par une porte qui communiquoit
à fa Maifon. Julie , comme il le
favoit, êtoit fur le point de s'éveiller. Mais quelle fut fa furprife lorfque en aprochant du Sépulcre , il
le vit ouvert ; & qu'en fe cour-
bant , il aperçut à la faveur de
la lumière des flambeaux , Corfino, qui faifoit des efforts pour
appuïer le corps de Roméo contré
le Cercuëil de Julie. Il defcendit
auffi-tôt avec précipitation , &
Corfino lui rendit compte, en fré-
miffant , du défefpoir de fon Maître. Ils tâchèrent l'un & l'autre

de le faire revenir ; & le Curé
lui fit avaler pour cela quelques
goutes d'une liqueur, qu'il avoit
aportée pour s'en fervir, en cas
que Julie fe fut trouvée mal après
fon réveil.

Tandis que ces foins les ocu-
poient, Julie fortit fubitement de
fa létargie, & réprit fes efprits.
Elle reconnut auffi-tôt le Curé ;
mais n'apercevant point Roméo,
dont Corfino lui déroboit la vue,
elle demanda ce qu'il faifoit. Le
vieillard, voulant lui fauver l'affreux fpectacle de le voir mourant,
craignant d'ailleurs d'être furpris
dans ce lieu, l'exhorta d'en fortir promptement ; mais elle refufa de le faire, à moins que fon
cher Roméo ne l'en retirât lui-
même. Il fut donc obligé de lui déclarer la violence, à laquelle il s'ê-
toit porté dans la penfée, qu'il
avoit eue de fa mort. En même
tems

tems il lui montra ce malheureux
Epoux, & fit tous fes efforts pour
la raffurer fur ces jours. Julie
voïant Roméo pâle & défiguré,
fe perfuada qu'il ne vivoit plus. Elle s'élança dans le moment même
fur fon corps, & le ferrant fortement entre fes bras, elle lui
dit les chofes du monde les plus
touchantes.

On entendit tout-à-coup un
grand bruit, comme de gens,
qui fe batoient. Ce tumulte étoit
caufé par la prife de deux voleurs;
que la Garde venoit d'arrêter, en
faifant fa ronde. Le vieillard
épouvanté, fortit auffi-tôt du Sépulcre avec fon Domeftique. Julie, fe voïant dans une plus grande liberté, prit la réfolution de
mourir avec Roméo. Chèr Epoux
dit-elle, en l'embraffant avec de
nouveaux tranfports, je faurai
me conformer à l'exemple, que

tu viens de me donner avec tant
de courage. Je brûle du même
amour. Je vais te suivre dans
l'éternelle nuit , & te rejoindre enfin pour ne me plus séparer de
toi.

Ces paroles sont à peine pro-
noncées , qu'elle ramasse l'épée de
son Epoux , encore toute ensan-
glantée. Déja même elle en tour-
noit la pointe contre son cœur ,
lorsque le fidèle Corsino , lui sai-
sissant le bras , arrache de ses mains
avec force ce fer meurtrier , & la
dérobe au nouveau crime , qu'elle
méditoit.

Cependant la Garde , aïant fait
conduire par un détachement les
deux voleurs dans les prisons , passa
devant l'Eglise , en continuant son
chemin. La porte ouverte atira
l'atention de l'Officier. Il crut y
devoir entrer avec sa troupe. Une
foible lueur , qu'il aperçoit , le fait

arriver à l'entrée du caveau. Quel
fut son étonnement , quand il
vit Roméo Montesche qui paroissoit être sans vie, avec une jeune
Personne, dont le corps, à l'exception du visage , des mains & des
pieds étoit cousu dans un suaire.
Comme il fréquentoit familière-
ment dans la Maison du Père de
Julie, il la reconnut aussi-tôt pour la
même , qu'on avoit descenduë la
veille dans le Sépulcre des Capelets. Mais il ne savoit que penser
d'un événement si singulier , lorsque le Curé , remis de sa fraieur
revint de lui-même ; & fit à cet
Officier un détail sincère de tout
ce que je viens de raconter.

Celui-ci prit tout-à-coup un
parti prudent. Il fit rentrer le
vieillard dans le caveau pour prendre soin de Roméo , tandis qu'il
courut au Palais du Marquis de
l'Escale , lui donner avis de

K 2

la rencontre, qu'il venoit de faire.
Le Marquis, qui le connoissoit
pour un homme sage, admira les
choses merveilleuses, dont il lui
faisoit le récit. Il s'habilla prompte-
tement, & voulut en être, lui-
même le témoin. Ils trouvèrent à
leur arrivée Roméo dans une situation bien differente de celle où
l'Officier l'avoit laissé.

Le prompt secours, qu'il avoit
reçu, joint aux tendres caresses de
Julie, avoit entièrement rapellé
ses esprits. Le son d'une voix si
chère aïant vivement frappé ses
oreilles, il ouvrit enfin les ïeux.
Il les fixa sur cet objet de son
amour, qu'il ne put méconnoître.
Non ce n'est point une illusion,
dont mes sens soient abusés, dit-
il d'une voix foible. C'est vous,
Julie. Par quel prodige ai-je encore le bonheur de vous voir
vivante ! Hélas ! je meurs plein
de joïe, puisque le Ciel satisfait de

mon trépas vous rend à la lumière.

Ah ! chèr Roméo, répondit tendrement Julie , à quelle erreur vous êtes vous laiſſé ſéduire ? Je n'ai jamais ceſſé de vivre. Mon prétendu trépas , n'êtoit qu'une feinte pour me conſerver à votre amour. Vivés , vivés vous-même pour faire la félicité de votre Julie. C'eſt elle qui vous en conjure par ce même amour , que vous avés ſi ſouvent juré devoir être éternel. Le Ciel eſt enfin apaiſé par nos malheurs. Sa bonté va nous réunir pour jamais. Chère Epouſe , reprit Roméo , que cette eſpérance enchante agréablement mon âme ? Hé bien , je ne m'opoſe plus aux ſoins , que vous prendrés de mes jours. Je vivrai , s'il eſt poſſible ; mais je ne vivrai, que pour vous adorer. Cependant ſi vous voulés les conſerver , ces jours infortunés , Julie , ma chère Julie , ne m'abandonnés plus. Elle

lui promit tout ce qu'il voulut ,
pour tacher de le rapeller à la
vie. Cette promesse lui donna
tant de joïe , que le Marquis de
l'Escale à son arrivée le trouva
dans une situation tout à fait tranquile .

Ce Seigneur les fit aussi-tôt trans-
porter l'un & l'autre dans son Palais. Des Chirurgiens , qu'il avoit
envoïé chercher , mirent le premier àpareil à la blessure de Roméo , qu'ils ne trouvèrent point
mortelle. Le coup avoit glissé le
long des côtes , & n'avoit point
offensé de partie considerable.

Le Marquis , comblé de joie
des assurances , qu'on lui donnoit
pour la vie de ce fidèle Epoux ,
attendit le jour avec la plus vive impatience. Il vouloit profiter
de cet événement , pour réunir les
deux Familles , que de mortelles
inimitiés divisoient depuis si long-
tems.

Il preſcrivit à l'Officier dont j'ai parlé, de même qu'à ſes Soldats, de garder un ſecret inviolable ſur l'avanture, dont ils avoient été les témoins, juſqu'à ce qu'il leur envoïât dire de la divulguer par toute la Ville. Il en uſa de même à l'égard des Chirurgiens, qui panſoient Roméo. Tous furent enſuite renvoiés. Il ne reſta chés lui que le Curé, Roméo, Julie & leurs Domeſtiques. Il fit coucher Roméo dans une chambre; & voulut que dans une autre on parât Julie des plus riches habits & des pierreries les plus précieuſes de la Marquiſe ſon Epouſe.

L'Aurore n'eut pas pluſtôt annoncé le retour de la lumière, que le Marquis de l'Eſcale ſongea ſérieuſement à mettre la derniere main à ſon projet. Il fit avertir le Père de Roméo, de même que celui Julie , de se rèndre à son Palais sur les sept lieures pour un sujet important , qui concernoit les intérêts de l'Etat. il instruisit nos Amans de la manière, dont ils se devoient comporter , lorsqu'ils verroient leurs Parens. Quand ceux-ci furent arrivés , il les conduisit dans une Chambre voisine de celle qui renfermoit leurs enfans , & leur parla de cette sorte.

L'affaire, pour laquelle vous êtes ici , Seigneurs , est digne de vôtre zèle. C'est votre générosité, surtout que vous devés faire éclater. Il s'agit de réunir enfin vos Maisons par les liens d'une paix solide, & durable. Vous savés ce que j'ai tenté jusqu'ici pour en venir à bout , mais ce que mes efforts n'ont pu faire , j'espère que les malheurs de deux parfaits Amans vous le feront exécuter avec une noble émulation. Oui j'ai lieu de penser

que

que vos cœurs fe laifferont défar-
mer au récit du plus merveilleux
évenement , que l'Amour ait
jamais produit. Je vais vous parler
fans énigme.

Aprenés donc , Seigneurs ,
que Julie & Roméo vos Enfans
s'aimoient de l'ardeur la plus
tendre ; qu'ils s'êtoient unis enfemble par les nœuds d'un fecret
himénée ; & que la crainte de
vous déplaire , ou pluftôt de ne
pas obtenir votre confentement ,
les avoit empêché de vous le demander , & de vous donner en
cette occafion des marques de
leur refpect & de leur foumiffion.
Mais , s'il eft tems enfin de vous
révéler le fecret de leur mariage ,
que vous avés ignoré jufqu'à préfent , il ne fufit pas que vous en
foiés inftruits. Il faut que la pitié ,
jointe à la tendreffe , vous le faffe

ratifier. Ils vont paroître eux-même à vos ïeux , pour vous en conjurer par leurs foupirs & par leurs larmes.

Oui , Seigneur , continua le Marquis , en adreffant la parole au Père de Julie ; cette charmante Fille , dont vous pleurés la perte , eft vivante. La crainte d'avoir un autre Epoux que Roméo, l'a fait defcendre avec intrepidité dans le tombeau de fes Pères ; & Roméo , non-moins généreux qu'elle , & croïant l'avoir perdue pour toujours a cru lui devoir immoler fa vie. Heureufement le Ciel a trompé fes deffeins. Il eft vivant ; & c'eft lui, qui dans ce moment vous ramène Julie & la rend à votre tendreffe. Voudriés-vous la refufer à fon amour ? Le fruit, qu'elle porte dans fon fein en eft un gage

autentique. Il doit vous être cher,
Seigneur ; & vous le recevrés sans
doute avec joïe. Mais c'est trop
longtems vous dérober la vue de
celle à qui ce précieux gage est
confié. Cette tendre Fille comte
tous les momens, qui la privent
de votre présence. Venés, belle
Julie, dit le Marquis en ouvrant
une porte, venés consoler un Père
qui ne veut plus se souvenir de
votre faute, & qui n'est plus sensible qu'au plaisir de vous avoir
retrouvée.

Alors Julie, d'un air modeste,
& les ïeux noïés de pleurs sortit
avec promptitude, se jette aux
genoux de son Père & l'embrasse.
Ciel ! Comment exprimer le sai-
sissement de ce tendre Père,
lorsqu'il ne douta plus de la vérité
d'un discours qu'il avoit d'abord
de la peine à croire ! Il retomba de

foiblesse sur son siége ; & tendant ses bras tremblants à Julie,
il ne put prononcer que ces
mots : Ah, ma Fille ! ah , ma
chère Julie ! Cependant elle lui
disoit : ô mon Père , soiés touché du repentir que j'ai de ma
faute. Il ne peut être ni plus vif,
ni plus sincère. Ne parlons plus ,
Julie, lui répondit enfin ce bon
vieillard , d'une faute que l'A-
mour vous a fait commettre. Je
vous revois. Ce bonheur m'ocu-
pe seul dans un instant si doux. Je
fais plus. Je renonce pour toujours à la haine , que je portois
non-seulement à Roméo , mais
encore à sa famille. Et dût mon
exemple n'être pas imité , je ne
m'opoferai point à votre mutuelle
satisfaction. Ah , Seigneur ! s'é-
cria l'autre Vieillard vivement
atendri par ce spectacle , vous

prévenés mes defirs les plus ardens. Connoiffés dans cet embraf-
fement la fincérité de ma reconci-
liation , & la parfaite reconnoiffance dont mon cœur eft pénétré. La main de Julie , que vous
accordés à mon Fils , eft un bienfait qui ne s'effacera jamais de
mon fouvenir. Embraffant enfuite avec tranfport cette belle Fille,
aimable Julie , lui dit-il , vous
allés faire déformais toute la confolation de ma vieilleffe. Je vous
jure pour toujours l'atachement
du plus tendre des Pères.

Alors les deux Vieillards prièrent qu'on leur fit voir Roméo.
Le Marquis les y conduifit lui-
même. Après qu'ils l'eurent em-
braffé l'un & l'autre avec tendreffe ; le Père de Julie lui confirma le don , qu'il venoit de lui
faire de fa Fille.

L'excès de joïe, dont Roméo fut transporté, faillit de lui devenir funeste, & de rouvrir sa blessure. Il voulut se lever pour se jetter aux pieds du Père de Julie. Le Marquis de l'Escale qui s'aperçut des divers mouvemens dont il étoit agité, pria les deux Vieillards de sortir de la Chambre avec Julie. Ce tendre Amant qui ne pouvoit plus vivre sans la voir, les conjura tous avec tant d'ardeur de ne l'en pas séparer, qu'ils se rendirent à ses instances. Julie resta donc auprès de son lit; mais, comme il lui vouloit sans cesse exprimer le ravissement que tant d'heureuses nouvelles lui causoient, la crainte qu'elle eut que ses transports ne nuisissent à sa santé, l'emporta sur le plaisir qu'elle avoit à recevoir tant de témoignages de la tendresse la plus sincère. Elle lè conjura de fe modérer pour quelque tems, en gardant un filèn-ce néceffaire à la furetė de fa vie, jufqu'à ce qu'il fe trouvât dans une fituation plus tranquille & plus décidée. Roméo, baifant fa belle main, obéit fur le champ avec une parfaite foumiffion. Ils fe tû-rent l'un & l'autre. Mais n'eft-il qu'une forte de langage ? Leurs ïeux éloquents, & pleins de cette douce ardeur, qui fait les châr-mes des vrais Amans, n'igno-rôient pas le fecrèt de fe commu-niquer jufqu'aux plus legers mou-vemens de leurs cœurs. Langage délicieux, & qui ne le céde guè-re à ce que l'Amour a de plus piquant !

Le Marquis de l'Efcale, èrant rentré dans fon Cabinet avec les deux Vieillards, leur raconta plus au long ce qu'il avoit apris de l'Hiftoire de leurs Enfans. Ce fut alors que le Curé de Vérone, qui n'avoit parlé jufques-là que par l'abondance de fes larmes, leur demanda pardon du crime qu'il avoit commis en les mariant, fans leur participation. Il atribua tous les malheurs furvenus à leurs Enfans, à fa lâche complaifance pour eux. Mais les deux Vieillards, comme à l'envi, s'écrièrent en même tems : heureufe faute, d'où va naître le plus grand de tous les biens ! Ah ! nous la rapellerons fans ceffe à notre fouvenir pour adorer les decrets du Ciel fur nous, & fur nos enfans.

Cependant le Marquis de l'Efcale n'eut pas pluftôt vu l'heureux fuccès dont ce même Ciel venoit de benir ces foins, qu'il fit répandre par toute la Ville la nouvelle que Julie êtoit vivante. Toutes les Maisons de Vérone furent désertes dans un moment. L'afluence des personnes accourues pour être les témoins d'un spectacle si nouveau, fut si grande, que le Palais ne les pût contenir. Comme ce Palais terminoit une belle & vaste Place, on fut contraint pour satisfaire la curiosité de tout le monde de faire paroitre Julie sur un Balcon. Que d'éloges reçut sa beauté ! Chacun prit part par ses acclamations, à l'évenement inesperé, qui rendoit une si charmante personne à sa Patrie, à sa famille, à l'Amour de Roméo. Mille & mille fois on leur souhaita les années de Nestor & tous les biens imaginables.

Mais personne n'admira davantage ce prodige si surprenant que les Capelets & les Montes-

ches. Dieu , qui tient les cœurs
dans fa main , toucha les leurs ,
en amollit la dureté. Ce ne fut
plus ces mêmes Hommes , qui
ne cherchoient depuis quelques-
tems que les occafions de s'entredé-
truire. On les vit fe prévenir mutuellement par de fincères embraf-
femens , dans lefquels leurs divi-
fions & leurs haines expirèrent
pour jamais.

Le Marquis de l'Efcale eut tant
de joïe d'avoir fait cette recon-
ciliation , que pour la cimenter
encore mieux , il leur donna ce
jour-là même à tous un magnifique
foupé. La Marquife fa femme
voulut auffi regaler le lendemain
les Dames qui compofoient ces
deux Familles. Elles fuivirent
avec plaifir l'exemple qu'on venoit de leur donner. Toutes
s'empreffèrent de concourir au

bonheur général. La fière Léonore elle-même , tant l'exemple a de force pour changer les cœurs, se repentit de bonne foi de son injuftice & de fa cruauté. Julie & Roméo reçurent avec joïe les excufes , qu'elle leur fit des malheurs , qu'elle leur avoit caufés ; & depuis elle leur fut toujours inviolablement atachée.

Enfin cette réunion générale fut fi conftante que rien ne fut capable dans la fuite d'en rompre les nœuds. Son premier fruit fut le Mariage de Julie avec Roméo , qui fut celebré quelques jours après, pour la feconde fois , avec beaucoup de pompe & d'éclat. Il fut fuivi de plufieurs autres , les deux Familles ne cherchant qu'à fe mieux lier par des alliances mutuelles. On parle encore à Vérone aujourd'hui de

ce fameux événement , qui paſ
fera ſans doute à la Poſtérité la
plus reculée.

LE PERE

INJUSTE,

DEUXIEME HISTOIRE,

L'Autorité paternelle tire son origine & sa force de la Nature même. C'est d'elle qu'un Père tient le droit de commander dans sa Famille , comme un Souverain dans ses Etats. On lui doit obéïr avec la même soumission. Mais la Sagesse , la Justice , la Modération doivent lui dicter les Loix , qu'il impose à ses Enfans. Il est des cas , où leur obéïssance est renfermée dans des bornes assés étroites ; & ce ne peut être qu'en abusant de sa puissance, qu'un Père entreprend de contraindre la liberté de ceux qui lui doivent le jour. S'agit-il, par exemple, du choix d'un Etat ; il doit laisser à leurs inclinations le soin d'en décider ; & s'il veut les amener au but , qu'il se propose , il faut qu'il fasse taire son autorité , pour ne faire parler que la tendresse. Il n'a point alors d'ordres à prescrire , il n'a que des conseils à donner.

Je ne pousserai pas plus loin mes réfléxions sur une Vérité, qui ne peut être contestée ; & je me contenterai de montrer dans le Récit , que l'on va lire, de combien de malheurs peut être suivi l'abus , que les Pères font quelquefois d'une Puissance , qu'ils ne devroient emploïer qu'à procurer le bonheur de leurs Enfans.

Dans une Ville d'Allemagne, que l'Armée Françoise, commandée par le Maréchal de Turenne, venoit d'emporter d'assault, une troupe de Soldats de la Garnison se défendoit encore vaillament, & tous menaçoient de vendre chérement leur vie, quand le Maréchal arriva dans le lieu du combat. Sa présence inspira de nouvelles forces aux François ; & bien-tôt ils eurent fait tomber sous leurs coups le plus grand nombre de ceux qui leur résistoient. Déja même il n'en restoit plus que quelques-uns, entre lesquels trois jeunes Volontaires, dont toute la personne anonçoit une Naissance distinguée, s'atirèrent l'admiration de Monsieur de Turenne par les prodiges de valeur, qu'il leur vit faire. Touché de leur jeunesse & de leur bonne mine, il fit cesser un combat trop inégal. Mais tans dis qu'entouré d'Officiers, il s'avançoit vers ces trois vaillans Hommes, pour s'informer de ce qu'ils étoient & leur donner des marques de son estime, l'un d'eux, qui dans le combat avoit perdu tout son sang, tombe par terre, & dans l'instant même il expire.

Des deux autres, l'un se jette à corps perdu sur le Mort, avec toutes les marques d'un désespoir, capable de faire craindre qu'il n'attentât sur ses propres jours; l'autre, percé de plusieurs coups, couvert de son sang qui coule de toutes parts, & ne pouvant résister à la douleur qui le presse, tombe dans une foiblesse, qui sembloit le ménacer d'une mort prochaine. Le Maréchal, ému jusqu'au fond du cœur, le fait porter lui-même dans une Maison voisine ; & pendant qu'en sa présence fence il fait vifiter les bleffures de ce jeune Homme ; quelques Officiers qui, par fon ordre avoient pris foin du premier , viennent augmenter fa compaffion & fon atendriffement , en lui caufant une nouvelle furprife. Ce jeune Volontaire êtoit à peine arivé dans la Maifon , où l'on venoit de le conduire , qu'acablé des fatigues , qu'il avoit foufertes , & plus encore de la violente agitation , que fon défefpoir lui caufoit, il avoit tout-à-coup perdu l'ufage des fens. On s'êtoit hâté de le défabiller pour le mettre au lit ; & c'êtoit avec un étonnement extrème qu'on avoit reconnu que ce Combatant , qui venoit lesarmes à la main de faire refpecter fon courage , êtoit une Femme. M. de Turenne , atendri de plus en plus , & foupçonnant que ce déguifement cachoit quelque chofe d'extraordinaire , ordonna qu'on redoublât les foins , que l'on prenoit de cette Femme , & qu'on mit auprès d'elle des perfonnes de fon fexe.

Sur le foir le Bleffé fe trouva mieux ; mais quelque chofe que l'on pu faire , il fut impoffible de l'empêcher de s'abandonner à la douleur la plus immoderée. Sans ceffe , les ïeux baignés de larmes , il prononçoit avec tranfport les noms de ces deux Camarades. Ses foupirs , fes fanglots , fes regrets arachèrent des pleurs à ceux qui l'entendirent ; & le Maréchal , informé de ce qui fe paffoit , n'en eut que plus d'impatience d'aprendre l'Hiftoire de ces braves Volontaires.

Le lendemain , fuivi de quelques-uns des principaux Officiers, que la curiofité fit marcher fur fes pas , il fe tranfporta chés le Malade. Il voulut voir lever le premier apareil. Les bleſſures étoient extrèmement legéres & ne pouvoient avoir aucunes ſuites dangereuſes. Le jeune Homme n'avoit point de fiévre: Il avoit même eu quelques heures de repos, que les Chirurgiens avoient ſu lui procurer. Tout faiſoit eſperer une gueriſon prochaine; & dès ce moment-là même, on pouvoit dire que ſon plus grand mal étoit d'être affoibli par la quantité du ſang, qu'il avoit perdu. Le Maréchal, inſtruit qu'il pouvoit l'engager à parler, ſans lui faire courir aucun riſque, ſe diſpoſoit à le prier de ſatisfaire ſa curioſité, quand ce jeune Homme le prévint par des remercimens pour toutes les marques de bonté, qu'il avoit reçues de lui. L'air noble & plein de grace, avec lequel il s'aquita de ce devoir, porta M. de Turenne à lui dire les chofes du monde les plus obligeantes. Ce fut avec la même politeffe, que ce Général lui demanda le récit de fes avantures & de celles de la jeune Amazone, qui pouvoient être racontées fans indifcrètion, puifque fon déguifement n'êtoit plus un fecret.

Alors, effuïant quelques larmes qui couloient de fes ïeux, & pouffant un profond foupir : Seigneur, répondit le Bleffé, je rends graces au Ciel de ce que votre générofité me conferve des jours, qui me permettent de rendre tout ce que je dois à l'Amour, auffi-bien qu'à l'Amitié. Mais, hélas ! après la perte, que je viens de faire, du plus parfait de tous les Amis, je ne fais fi je dois regarder la vie, que je tiens de vous, comme un bienfait. Quand je pourrois furvivre longtems à cet autre moi-

même, je ne dois m'atendre qu'à
paffer le peu , qui me refte de
jours , dans l'amertume & dans
les pleurs. Quelle honte pour moi
chèr Ami , d'avoir fi mal fecondé
ton courage ! Mais puifque la Fortune n'a pas voulu que je te
fuiviffe , & qu'elle m'a fauvé d'une
mort qui n'a rien que de glorieux
pour toi , je ne veux plus vivre
que pour celle que ton cœur adoroit. Je m'éforcerai d'adoucir fes
ennuis & fes peines. Je l'entre-
tiendrai fans ceffe de tes vertus ;
& fi je ne puis m'empêcher de
l'adorer auffi jufqu'au dernier foupir de ma vie , je faurai du moins
refpecter ta mémoire , & t'immoler jufqu'à mon amour. Celle qui
nous enflama tous deux , ne
m'entendra jamais lui parler d'une
paffion , qui la pourroit ofen-
fer.

Pardonnés , Seigneur , à l'agitation d'un cœur , qui dans ce moment éprouve tout ce que l'Amour & l'Amitié peuvent caufer de trouble & de douleur ; pardonnés un difcours , qui n'eft encore qu'une énigme pour vous. Ces deux fentimens , comme vous l'allés aprendre , on fait les charmes & les malheurs de ma vie.

Je fuis d'Ingolftad , Ville confidérable des États de Bavière. Mon nom eft Salbourg ; & ma naiffance eft noble. Étant à la Cour de Munich, je fis connoiffan ce avec le jeune Baron de Stalem. Il avoit été Page de l'Electeur. La Ville d'Amberg, Capitale du Palatinat de Bavière , êtoit le lieu de fa naiffance. Nous nous liames bien-tôt d'une amitié fi grande , qu'on ne nous voïoit jamais l'un fans l'autre. On nous apelloit communément des noms de ces deuxGrecs fi fameux , O-

reste & Pilade, qui doivent l'im-
mortalité, dont ils jouissent à leur
amitié. La nôtre êtoit fondée sur
la vertu, sur la ressemblance des
humeurs & sur la conformité des
inclinations.

Jugés, Seigneur, si nous mé-
ritions les noms glorieux, dont
on nous honoroit. Lorsque nous
nous perdions de vue (ce qui n'a-
rivoit pas souvent) la douce sim-
pathie, qui formoit le lien de
nos cœurs, nous faisoit éprouver
une impatience de nous rejoindre, égale à celle que ressentent
les plus tendres Amans, quand
ils aspirent à se revoir. Etions-nous
ensemble, jamais le chagrin ni
l'ennui ne s'emparoient de nous.
Une mutuelle satisfaction brilloit
sur notre visage. Une joïe vive
& pure animant nos entretiens,
n'y laissoit aucune place à la langueur. Nous avions toujours mille

chofes à nous dire. S'il nous
arivoit de penfer diféremment ,
nous difputions fans aigreur. Uniquement fenfibles à l'amour de
la Vérité , nous foutenions, notre
fentiment avec douceur, ou nous
l'abandonnions fans honte. Nos
ocupations, nos amufemens êtoient
les mêmes. L'oifiveté nous êtoit à
charge à tous deux ; nous détef-
tions la débauche ; & nous ne fon-
gions qu'à nous perfectionner dans
les Exercices & dans les Connoiffances convenables à des gens de
notre naiffance. Nous donnions
tous les jours enfemble un tems
confiderable à nous inftruire ,
fuivant l'ufage établi dans toute
l'Allemagne , de l'Hiftoire facrée
& profane , du Droit public &
des Loix civiles & canoniques.
Ainfi tous les jours , qui s'écou-
loient avec rapidité , ne nous pa-
roiffoient que des momens. La
nuit

nuit même ne nous féparoit pas.
Nous couchions ordinairement
dans la même Chambre , comme
nous n'avions qu'une même bourfe , une même table , un même
logis. Notre train , nos Valets ,
nos livrées , tout étoit en commun.

Quand le defir de voir nos Parens, ou d'autres affaires nous apel-
loient dans nos Patries ; Amberg
me voioit entrer dans fes murs à
la fuite de Stalem ; & je ne mé-
tois pas le pied dans Ingolftadt,
que mon ami ne m'accompagnât.
Il vouloit que je fuffe le Maître
chés lui. J'en ufois de même à fon
égard quand j'étois chés moi. Nos
Domeftiques même fe faifoient
gloire d'entrer pour quelque chofe dans nos vues & dans notre
amitié. Si par hafard quelqu'un
leur demandoit les noms des Maîtres qu'ils fervoient , ils répon-

doient auffi-tôt qu'ils apartenoient aux deux Amis. Que vous dirai-je davantage , Seigneur ? Une union fi rare & fi parfaite faifoit le fujet des entretiens de la Cour, de la Ville & des lieux de notre naiffance , & nous atiroit l'admiration de tout le monde.

L'amour fembla longtems refpecter cette union fi peu commune. Depuis quatre ans que nous vivions enfemble, il n'en avoit point encore troublé la douce tranquilité par ces feux tumultueux , qu'il a coutume d'alumer dans les cœurs. Nous avions vu jufques-là les charmes des plus grandes beautés fans être émus. Satisfaits l'un de l'autre , nous ne formions point d'autres defirs , nous n'avions pas d'autre ambition que de nous aimer. Mais l'inftant , marqué pour la défaite de mon Ami , ne tarda pas d'ariver ; &

c'étoit dans Ingolstadt que l'A-
mour nous préparoit une source
de malheurs , que nous n'avions
pas prévus.

Un jour que nous étions dans
une Compagnie , il y vint une
jeune personne , qui n'avoit pas
coutume de s'y trouver. C'étoit
une Fille de qualité , nommée
Roselinde. Ses atraits firent une
si forte & si subite impression
sur le cœur de Stalem , que la
voir & concevoir pour elle la
passion la plus violente , ne furent qu'une même chose. Je m'en
aperçus aussi-tôt. Quand nous fû-
mes de retour chés moi , la conversation, qu'il fit tomber sur cette
Fille , fut longue. Il ne cessoit de
m'en parler ; & comme je ne ré-
pondois aux éloges qu'il lui donnoit qu'avec un flegme affecté :
Qui ne trouveroit pas Roselinde,
la plus adorable personne qui soit

dans l'Univers , s'écria-t il avec dépit , feroit ou de mauvaife humeur , ou de mauvais goût !

Cette amoureufe faillie , me fit faire un éclat de rire , qui faillit à faire naître tout de bon la colère de mon Ami. Mais je fus l'apaifer auffi-tôt. Mon chèr Stalem , lui dis - je , en le ferrant dans mes bras , qui vous contefte que Rofelinde ne foit la plus belle perfonne du monde. Je veux bien en convenir avec vous ; à condition que vous m'avourés ce que je fais auffi-bien que vous , c'eft que vous êtes éperdument amoureux. Mais ce n'eft pas affés , de convenir de cette vérité. Je défire que vous y joignés la promeffe , que cette nouvelle ardeur, ne changera rien à la manière dont nous avons vécu jufqu'à préfent. Je mets fi bien tout mon bonheur dans votre amitié , que je ne pardonnerois jamais à Rofelinde, d'en avoir alteré l'harmonie.

Mon chèr Salbourg, me répondit le jeune Baron, en me rendant carefses pour carefses, mon defsein n'a pas été de vous dérober la connoifsance de la fituation préfente de mon cœur. Vous m'êtes trop chèr, & j'ai trop de confiance en vous pour vous rien déguifer. Oüi. J'aime, ce n'eft pas afsés dire, j'adore Rofelinde. L'amour êtoit fans doute caché dans fes beaux ïeux, lorfqu'elle s'eft oferte à mes regards. Le trait, qu'il vient de me lancer, a pénétré jufqu'au fond de mon âme. Je ne la connois que depuis quelques momens ; mais il me femble que mon amour ne fauroit plus augmenter, & j'ofe bien vous répondre qu'il ne finira jamais.

Baron, repris-je en riant, je

reconnois dans votre difcours
l'enchantement, qu'une nouvelle
Paffion produit pour l'ordinaire.
C'eft ainfi que parlent tous ceux,
dont le cœur, comme le vôtre,
eft frapé pour la première fois.
Tout leur paroit incomparable dans
celle dont ils font épris ; mais il
leur faut fouvent bien peu de
chofe pour leur faire tenir tout
un autre langage. Un rien peut
faire tomber le bandeau, qu'ils
avoient fur les ïeux. Un feu, qui
s'allume avec tant de promptitude,
& dont l'ardeur eft fi forte dès
les premiers momens, ne tarde
pas à fe ralentir, & même à s'é-
teindre tout-à-fait. Quoi qu'il en
foit, Baron, j'ai fujet de me
plaindre de vous. Les charmes
de votre nouvel engagement vous
caufent de fi vifs tranfports, que
vous oubliés de raffurer ma timide amitié. Quoi donc ! mon chèr

Stalem , voudriés-vous renoncer
à votre ancien ami pour une nouvelle Maîtresse , dont vous ne
connoissés encore ni l'humeur ,
ni le caractère ? Je connois les
Femmes. Elles ne peuvent soufrir,
aucun partage de quelque nature
qu'il soit. Un ami leur paroit quelquefois aussi dangereux qu'une Rivale. Elles prétendent regner des-
potiquement dans un cœur. Elles
veulent en bannir tout ce qui n'est
pas elles. Si Roselinde exigeoit
de vous ce sacrifice , seriés-vous
capable de le refuser ?

Quels soupçons outrageans pour
moi , s'écria le Baron , & quelle
injure ne faites vous pas à Roselinde. Pensés-vous sérieusement
que cette divine personne puisse
pousser la bisarerie , jusqu'à s'o-
poser à l'innocence de notre commerce ? Et surquoi me croiés-vous
capable de changer à votre égard?

L'amour & l'amitié ne fauroient-
ils s'unir dans un même cœur ?
L'un & l'autre ,n'ont-ils pas leurs
droits à part , que l'on peut con-
cilier ? Une Maîtreffe, quelque tendrement aimée qu'elle foit , n'ex-
clut pas un véritable ami. Que
dis-je ? l'ami vertueux & fincère
ne peut jamais ceffer d'être infiniment précieux. Combien de fecours deux Amans ne doivent-ils
pas en atendre ! Loin que vous
aïés à vous alarmer , mon chèr
Salbourg , c'eft à moi de craindre;
c'eft à moi de vous conjurer que
Rofelinde ne devienne pas, de
votre part , un obftacle à notre
amitié. C'eft à moi de vous prier
de foufrir cet engagement , qui
n'afoiblira jamais les fentimens,
qui m'uniffent à vous. Mais à quoi
nous arrêtons-nous ? Hé , quelle
erreur m'abufe ! Je vous parle
comme fi Rofelinde avoit déja

reçu mes vœux ; & peut-être,
hélas ! que la cruelle ne me prépare que des rigueurs , & des
peines ! Ah , chèr ami ! de grace aidés-moi de vos sages conseils.
Comment dois-je m'y prendre pour
lui faire agréer mon tendre & mon
sincère hommage ?

Je ne suis pas fâché , mon cher
Stalem , répondis-je , si vous devés aimer , que votre cœur se déclare en faveur d'une personne ,
auprès de qui je suis en état de
vous rendre quelques services.
Outre que la même Ville nous a
vu naître , je suis Parent de Rofelinde. Il est vrai que c'est d'assés loin. Cette affinité me donne
toutefois chés elle une libre entrée, & je pourrai plus facilement
vous y conduire. C'est à vous de
faire le reste. C'est à vous de trouver le chemin d'un cœur , qui
ne refusera pas sans doute un hom

me & de votre naiſſance & de votre mérite.

Le jeune Baron , ne pouvant contenir ſa joie, m'embraſſa pluſieurs fois , & me conjura de travailler dès le lendemain à ſon bonheur. Il ne me parla durant toute la nuit que des charmes de Roſelinde. Il m'aſſura que la plus forte preuve, que je pourois lui donner de mon amitié , feroit le ſecours , que je lui promètois auprès de cette belle Fille , ſon amour lui devenant auſſi chèr que la conſervation de ſa vie.

Je n'êtois cependant rien moins que certain que les éfets duſſent répondre à mes eſpérances. Je tâchai de lui faire enviſager, pendant qu'il en êtoit encore tems , la force des obſtacles , qui s'opoſoient à ſes deſirs. Mon ami ne ſe rebuta de rien ; & quand je vis que les dificultés augmentoient

son ardeur ; je l'assurai que je
passerois par dessus toutes sortes
de considérations ; & que je n'a-
vois rien de plus chèr que de le
satisfaire.

Je songeai dès le lendemain à
m'aquiter de ma promesse. J'al-
lai voir ma Parente , & je la fis
insensiblement consentir à recevoir la visite de mon ami. Nous
en fimes plusieurs ensemble , & le
Baron , qui ne s'ocupoit que du
soin de plaire , sut trouver enfin
le moment favorable pour déclarer sa passion. Son aveu ne fut
ni bien, ni mal reçu ; mais il ne
désespéra pas de toucher le cœur
de Roselinde. Elle l'écouta même dans la suite avec une sorte
de plaisir ; & quoiqu'elle ne laissât
rien échaper de décisif , il pouvoit
sans témérité se flater qu'elle ne
feroit pas une longue résistance.

De mon côté je ne manquois

pas d'aller fouvent en particulier
chés Rofelinde. Je lui parlois
fans cefle des belles qualités du
Baron , & mon amitié me rendant éloquent , il ne me fut pas
dificile de lui perfuader ce que
je croïois moi-même. Cette jeune
Fille fe laiffa d'abord émouvoir
par mes difcours ; mais la bonne mine du Baron , & les charmes de fa converfation triomphèrent bien-tôt de l'indiference de
Rofelinde. L'aveu, qu'elle fit à mon
ami du penchant, qu'elle avoit pour
lui , fit naître dans fon cœur les
plus vifs tranfports , & mon amitié me les fit partager avec lui.

Nous prîmes des mefures pour
venir à bout des dificultés , qui
s'opofoient à fon bonheur. Une
entr'autres nous paroiffoit invincible ; mais eft-il quelque chofe
d'impoffible à l'amour , quand il
eft apuié du fecours de l'amitié?

Gui, Père de Roselinde, s'é-
toit uni par un second mariage,
avec une Veuve fort riche &
Mère d'un Fils, qu'ils étoient
convenus de donner pour Epoux
à Roselinde. Les deux enfans
n'avoient point été consultés. Ils
étoient alors trop jeunes l'un &
l'autre, pour donner un libre consentement au choix de leurs Parens. L'intérêt seul avoit formé
cet engagement de la part de
Gui. Le tems étoit enfin venu de
le remplir ; & Gui ne pensoit
qu'à l'exécution de sa parole.

Roger, c'étoit le nom du Fils
de cette Veuve, étoit un monstre
en laideur, & n'avoit rien qui
ne le rendit odieux. Roselinde, à
qui la raison augmentée avec l'âge,
ne laissoit pas ignorer ce qu'elle
avoit de charmes, ne pouvoit
regarder sans horreur l'indigne
objet, auquel on la vouloit sa-

crifier. Elle gémiſſoit tous les jours de la tirannie de ſon Père, qui malgré les répreſentations qu'elle lui faiſoit, s'obſtinoit à vouloir terminer une alliance, qui ne pouvoit que la rendre malheureuſe. Elle êtoit dans cette ſituation, lorſque mon ami lui fit l'ofre de ſon cœur & de ſa fortune. L'averſion, qu'elle reſſentoit pour Roger, contribua beaucoup à lui donner du goût pour le Baron. Elle comparoit ſans ceſſe le mérite & la bonne grace de l'un avec la laideur & les mauvaiſes qualités de l'autre; & ce parallèle lui faiſoit trouver Stalem auſſi digne de ſon amour, que Roger l'êtoit de ſon mépris & de ſa haine.

Tandis que le jeune Baron s'établiſſoit de plus en plus par ſes aſſiduités dans le cœur de cette belle Fille; Roger s'aperçut de

la préference qu'elle donnoit à fon
Rival. Avec tous fes défauts , il
ne pouvoit pas manquer d'être
jaloux. Il fe plaignit ; il ménaça ;
fit grand bruit ; mais fes plaintes , fes ménaces , fes cris ne
fervirent qu'à rendre le Baron plus
chèr à Rofelinde. Outré de voir
qu'elle n'avoit pour lui que du
mépris , il avertit Gui de ce qu'il
avoit découvert ; & cet injufte
Père , qui ne penfoit qu'à pour-
voir richement fa Fille , promit
à Roger d'écarter l'Amant , qui
lui faifoit ombrage.

Le jour même il défendit à
Rofelinde de voir le Baron de
Stalem. Elle redoubla fes éforts,
pour engager fon Père à changer de réfolution. Pour l'atendrir,
elle fit parler fes foupirs & fes
larmes. Elle ufa des prières &
des difcours les plus touchans.
Elle fit valoir la naiffance & les

-belles qualités du Baron ; elle infifta fur l'honneur, que fa recherche lui faifoit, Gui fut inflexible. Il fe retrancha toujours fur les richeffes de Roger , & fur la parôle qu'il avoit donnée à fa Mère en l'époufant. C'étoit ainfi qu'un vil intérêt lui faifoit immoler la fatisfaction de fa Fille unique à la fauffe gloire de tenir une promeffe injufte

Il ne fe contenta pas de la défenfe qu'il avoit faite à fa Fille. Il rencontra quelques heures après le Baron ; & l'aiant abordé cavalièrement , il lui dit de fuprimer fes vifites. Le Baron fut irrité de l'impoliteffe de ce difcours; mais il déguifa fon reffentiment. Il crut devoir ménager le Père d'une Fille, qu'il aimoit. Il craignit de ruiner fon projet , en aigriffant l'efprit d'un homme naturellement opiniâtre & fier. Il

lui

lui répondit donc avec modera-
tion , fans pourtant s'obliger à
renoncer à la vue de Rofelinde ,
pour laquelle il lui fit voir beaucoup de fentimens d'eftime. Il
fallut fe refoudre à ne lui plus
rendre de vifites chés elle ; mais
ils continuèrent d'e fe voir dans
diférentes Maifons. Ils ne man-
quoient pas de s'y trouver enfemble , auffi fouvent que la prudence
le leur permettoit , & de s'y renouveller les affurances , d'une
conftance à l'épreuve de tous les
événemens.

Quelques précautions , que ces
deux Amans priffent pour fe voir ,
fans courir aucun rifque , Roger
eut bien-tôt découvert que leur
intelligence continuoit. Il redoubla fes plaintes & fes menaces.
Il engagea fa Mère à faire mal-
traiter Rofelinde par fon Père.
Cette méchante Femme, vraie fu-

rie domeſtique, ne voulut laiſſer aucun repos à ſon Mari, juſqu'à ce qu'elle eut aſſouvi ſur cette innocente victime, la haine qu'elle reſſentoit pour elle. Combien de Belles-Mères doivent-elles ſe reconnoitre à ce portrait ? Gui porta les mauvais traitemens juſqu'à l'excès. Il ménaça même Roſelinde de la faire enfermer, ſi bien-tôt elle ne rompoit avec le Baron.

Stalem aprit cette barbare conduite avec toute la douleur, dont un Amant peut être capable. J'eus beſoin de toute l'autorité, que j'avois ſur ſon eſprit pour arêter ſa fureur. Si je n'en avois pas calmé la violence, elle eut eu des ſuites funeſtes pour Roger & pour Gui. Je vins à bout, mais avec bien de la peine, de lui faire prendre le parti de la modération ; & cependant je l'en-

gageai-non-feulement à céder à
cette bourafque , mais encore à
quiter Ingolftadt pour quelque-
tems. Je lui promis d'y refter pour
veiller à fes intérêts auprès de
Rofelinde , & pour empêcher les
violences qu'on voudroit exercer
fur elle. Je me chargeai de l'a-
vertir de tout ce qui fe pafferoit
durant fon abfence. Mes promeffes le rendirent plus tranquille.
Il partit pour Munich , fans avoir
pu voir fa Maîtreffe , & forcé
de fe contenter de lui dire dans
une Lettre tout ce que la douleur put lui dicter de plus touchant.

Il ne fut pas pluftôt arivé dans
le lieu de fon éxil , ce fut l'expreffion dont il fe fervit , qu'il
me manda que les objets les
plus charmants , que la Cour lui
put ofrir , étoient éfacés par l'i-
mage de Rofelinde , auffi pré-

sente à son esprit qu'à son cœur. Je tenois cependant sa place auprès de Roselinde; & cette Fille, sachant l'étroite amitié, qui nous lioit, me découvroit les sentimens de son âme avec autant de franchise qu'au Baron même. J'avertissois mon ami de l'invariable fidélité de sa Maîtresse, sur qui l'absence & les contradictions continuelles, qu'elle soufroit de la part de son Père, & de Roger ne pouvoient rien obtenir.

Mais, hélas! que j'eus lieu de craindre que la complaisance, que j'avois pour mon ami, ne me devînt funeste! Il étoit écrit dans nos destinées, que la conformité de nos sentimens, & de nos inclinations, produiroit sur mon cœur les mêmes efets, que sur celui du Baron. A force de voir & de connoître Roselinde, je sentis pour elle un penchant, que je

méconnus d'abord. Hélas ! c'étoit
de l'amour , & je ne m'en aper-
cevois pas. Je ne pouvois être
un moment lans la voir ; & quand
j'étois auprès d'elle , je ne pouvois plus m'en arracher. Cependant je m'étourdiſſois ſur une
paſſion , qui ne me paroiſſoit qu'un
innocent atachement pour la Maîtreſſe de mon ami. Mes chaines
êtoient déja bien fortes , quand
je découvris mon erreur. Je compris alors combien la qualité de
confident, eſt dangereuſe pour un
honnête homme. Qu'il eſt difici-
cile en efet d'être toujours ſur
ſes gardes ; & qu'il en coute à
la Vertu pour ſe tenir ferme dans
un pas ſi gliſſant !

Certain de toute l'impreſſion,
que les charmes de Roſelinde
avoient faite ſur moi , j'en eus d'a-
bord une confuſion extrême. Mon
infidélité me fit horreur. Que ne

me dis-je point pour me la re-
procher ? Je n'eus pas. pluſtôt
revu Roſelinde , que je me pa-
rus moins criminel. Serois-je le
premier , me dis-je à moi-même.
que le rolle , que je fais auprès
d'une belle perſonne , auroit fait
ſucomber ? D'ailleurs quel tort
fais-je à mon ami ? Ne ſais-je pas
qu'il ne peut jamais poſſéder Roſelinde ; l'obtiendra-t-il contre
la volonté d'un Père, & d'un Père
infléxible ? Pourquoi me ſeroit-il
défendu de tenter , ſi je pouvois
être plus heureux ? Ma naiſſance
eſt égale. J'ai plus de bien. Roſelinde & moi nous ſommes déja
Parens. Que de raiſons pour me
flater de la préférence ſur le Baron , & même ſur Roger.

Un môment après mille réflexions acablantes vinrent au ſecours
de ma vertu. O Ciel, m'écriai-je!
Que penſera de moi Roſelinde

après une trahison si honteuse?
Quel autre fruit en puis-je espérer que son mépris & son indignation ? Que dira mon ami ? N'est-
ce pas lui porter le poignard dans
le cœur, que de tenter seulement
de m'emparer de ce qu'il a de
plus chèr au monde ? Lâche ! est-
ce-là le prix que tu réservois à
sa confiance ? Est-ce ainsi que tu
remplis les devoirs de l'amitié ?
Ne l'entens-tu pas qui gémit au
fond ton cœur ? Ah ! rentre au
plustôt en toi-même, & tandis
qu'il en est encore tems, rougis
d'avoir seulement conçu le projet d'une perfidie si monstrueuse.

Cette dernière réflexion finit
tout-à-coup le terrible combat,
qui se passoit au fond de mon
cœur. La raison, l'honneur, l'amitié triomphèrent des sens re-
voltés. Après ce généreux éfort
sur mes sentimens, je restai fi-

dèle à mon ami. Bien-tôt les idées flateuses, qui m'avoient séduit, s'évanouirent. Ce ne fut pas toutefois sans que j'eusse beaucoup à souffrir. La guerre, que je me faisois auprès de Roselinde, étoit continuelle ; mais je remportois tous les jours de nouvelles victoires sur moi-même, en lui parlant en faveur de mon ami. Ce que je sentois pour l'une ne me rendoit plus capable de bien servir l'amour de l'autre. Je parvins enfin à ne plus regarder Roselinde que comme ma sœur, & comme l'épouse de celui que j'aimois comme mon Frère.

Le jaloux Roger sut encore pénétrer mes vues. Comme l'amitié, que j'avois pour le Baron, étoit connue de tout le monde, il soupçonna que sous le prétexte de la parenté, qui m'unissoit à Roselinde, je l'entretenois continuellement

tinuellement des feux de fon Rival. Auffi-tôt nouveaux murmures & nouvelles plaintes de fa part auprès du Pè re de Rofelinde.

La Belle-Mère de fon côté me regarda de mauvais œil , lorfqu'elle vit que je redoublois mes affiduités auprès de fa Belle-Fille. mais quelques éforts , qu'ils fiffent l'un & l'autre auprès de Gui , pour me faire donner mon congé , jamais ils ne purent en venir à bout. Le fang a des droits , qu'on n'eft pas toujours en difpofition de violer. Gui m'aimoit comme fon Parent ; & n'êtant pas d'ailleurs perfuadé que je fiffe auprès de fa Fille le perfonnage , qu'on m'accufoit d'y jouer , il continua de me faire tout l'acueil , dont un homme de fon humeur & de fon caractère êtoit capable.

Il eft vrai qu'une fois, vaincu

par leurs importunités, il me pria de me souvenir que Roger devoit être le Mari de sa Fille, & de ne la point entretenir du Baron de Stalem, depeur que le mérite de ce Cavalier, l'un des mieux faits de la Cour, ne rendît sa Fille plus clair-voïante, qu'il ne falloit sur les imperfections de Roger. Il convint même de bonne foi qu'elles n'êtoient que trop aparentes. Mais, continua-t-il, j'ai donné ma parole à ma Femme de faire ce Mariage. Je ne puis me dispenser de la tenir, & vous me rendrés l'ofice d'un bon Parent, en ne faisant rien pour nuire à mon projet.

Le devoir d'un bon Parent, lui répondis-je, est de ramener son Parent à la raison, lorsqu'il s'en écarte. Souffrés que je vous dise qu'il me semble que vous vous en éloignés absolument,

quand vous imposés à votre Fille
une loi , qu'elle regarde comme
un joug insuportable. Le Mariage, vous le savés , n'est autre chose que l'union de deux volontés
libres. En forçant celle de votre
Fille , ne rompés-vous pas le plus
respectable de tous les Liens , en
même-tems que vous prétendés
le former? La contrainte & la violence , essentiellement opposées à
la liberté , qu'une union de cette
nature demande , ne la rendent-
elles pas entièrement vicieuse , &
d'une Femme n'en font-elles pas
une Concubine ? La répugnance
invincible , que Roselinde a pour
Roger , n'est un mistère ni pour
vous , ni pour personne. Elle vous
a témoigné plusieurs fois qu'elle
ne donneroit jamais un libre consentement à cette Alliance. Songés sérieusement aux suites qu'elle
pouroit avoir ; & ne rendés pas

une Fille unique la plus malheureuse de toutes les Femmes.
Les richesses ne font pas feules
le bonheur des personnes raison-
nables. La fatisfaction des cœurs,
l'union des volontés peuvent feules
produire cette paix & cette
harmonie, qui font l'honneur, la
fureté, la douceur des Mariages.
Ce feroit donc manquer au devoir d'un bon Parent, que de
ne pas vous répréfenter l'abîme
afreux, où vous allés précipiter
votre Fille, qui n'eft pas moins
vertueufe qu'aimable. Il ne s'a-
git point de la rendre opulente,
mais heureuse.

Je fais, répliqua ce Père dénaturé, jufqu'où s'étend ma puiffance ; & fi Rofelinde ignore
le degré de foumiffion, qu'elle me
doit, je faurai bien le lui faire
connoître. Une Fille ne doit point
s'embaraffer du choix d'un Epoux,

Elle doit s'en reposer sur les soins
de son Père , & n'avoir point
d'autre volonté que la sienne. D'ailleurs l'état de mes afaires , & le
bien de ma Maison demandent
absolument le Mariage de ma Fille avec Roger. Sans cette condition je n'aurois jamais épousé
la Mère. J'ai promis ma Fille. J'ai
donné ma parole ; & j'en suis esclave. Ainsi que Roselinde y con-
sente ou non , peu m'importe. Il
faut qu'elle s'y soumète , & qu'elle
arache de son cœur toute autre
afection , qui pourroit l'empêcher d'être à Roger.

  Ce discours me fit horreur. Je
n'y repliquai rien , de peur de
porter par une réponse trop vive
un préjudice essentiel aux vœux
de Roselinde , & de mon Ami.
Je connus que le parti de cet in-
juste Père étoit pris , & que tout
ce que je pourois lui dire ne le

feroit pas changer. Je le quita-
donc après quelques difcours gé-
néraux , qui le fatisfirent.

Roger eût bien-tôt d'autres
fujets de jaloufie plus confidérables , que celui que j'avois pu lui
donner. Alarmé d'une foule de
Rivaux , qu'il vit tout-à-coup fe
mètre fur les rangs , il tint confeil avec fa Mère ; & tous deux
réfolurent de terminer au pluftôt
fon Mariage pour fe délivrer
tout d'un coup des inquiétudes,
que ces Amans ne pouvoient manquer de leur caufer.

Ils en parlèrent avec de fortes
inftances à Gui. Celui-ci ne demandoit pas mieux que de continuer à jouir du bien de Roger ,
fous le voile duMariage de ce jeune
homme avecfaFille. Il y donna volontiers les mains; prit jour , & pré-
para tout pour cette trifte Alliance. Rofelinde m'avertit de ce qui

se tramoit pour son malheur. Aussi-
tôt j'en fis part au Baron de Stalem. Ingolstadt le revit bien - tôt
prêt à tout entreprendre pour
détourner ce coup funeste. Je lui fa-
cilitai les moiens de voir Roselinde en secret. Ils se renouvel-
lèrent en ma présence le serment
d'être l'un à l'autre. De mon côté je leur promis de ne les point
abandonner , & de tout risquer
pour leur service.

Le Baron remua tous les ressorts,
dont il put s'aviser pour écarter l'orage qui le menaçoit. Il
fit demander Roselinde par des
personnes de la première considération. Gui ne se contenta pas
de la refuser. A son refus il ajouta
le mépris & l'outrage. Mon Ami
se voïant sans ressource de ce cô-
té-là, crut ne devoir obtenir Roselinde que de son épée. Mais
Roger n'eut garde d'accepter le

parti. Tandis que le Baron éclate envain en menaces, Gui, sûr de son crédit à la Cour de l'Electeur, prend la route de Munich, pour se plaindre à ce Prince de l'audace de Stalem, qui venoit troubler le Mariage de sa Fille & la paix de la maison. Stalem fut mandé sur le champ ; & l'Electeur, après une reprimande fort aigre, lui défendit, sous peine de son indignation, de passer plus avant dans la recherche de Roselinde.

Cet Arêt, émané d'une autorité Souveraine, étoit sans apel. Voilà donc mon ami, menacé de la disgrace de son Maître, s'il ne renonçoit pas à ses prétentions. Il eut beau réprésenter la violence de sa passion aprouvée par Roselinde même, & l'horreur, qu'elle avoit pour Roger, qu'il peignit comme l'oprobre de la nature ; ses réprésenta-

tions & ſes prières, loin de
fléchir le Souverain, excitèrent
ſon couroux, au point, qu'il or-
donnât que l'on conduiſit en pri-
ſon mon ami, pour qu'il aprît
à parler plus reſpectueuſement de
Roger, dont il eſtimoit la Famille. Cet ordre eût été ſans doute exécuté, ſi quelques amis du
Baron, qui ſe trouvèrent préſens,
n'en euſſent, quoique avec peine,
obtenu la révocation. Le Baron
aſſura l'Electeur qu'il ſe banni-
roit plûtôt volontairement de ſes
Etats, que de rien faire qui lui
fut déſagréable ; mais qu'il con-
ſerveroit par tout le tendre ſouvenir de Roſelinde, qu'il ne pouvoit ceſſer d'aimer.

L'Electeur atribua ces dernières paroles à l'extravagance d'un
Amant réduit au déſeſpoir : &
Gui, l'aïant remercié de la juſtice
qu'il venoit de lui rendre, partit

pour Ingolstadt , afin d'achever
au pluſtôt les nôces de ſa Fille.
Il en fixa la célébration à huit
jours delà. Mais à quelles extrèmités l'amour reduit au deſeſpoir
ne porte-t-il pas un Cœur , qui ſe
laiſſe poſſéder par cette impétueu-
ſe Paſſion ? Roſelinde reſolut de
choiſir pluſtôt la mort , que de donner la main à Roger ; & le Baron prit le parti de ſacrifier ſa
fortune & ſa vie pluſtôt que de voir
Roſelinde dans les bras de ſon indigne Rival.

Il m'êtoit venu rejoindre ſe-
crètement , & m'avoit apris ce
qui lui venoit d'arriver à Munich,
Nous ne conſultâmes pas long-
tems ſur le parti, que nous avions
à prendre. En , êtoit-il un autre
que de fuir avec Roſelinde? Je me
chargeai de la faire conſentir à
notre projet ; & dans l'état où
l'amour d'une part & la haine

de l'autre avoient mis fon cœur, je n'eus point de peine à la réfoudre.

Jugés, Seigneur, de la force de mon amitié dans une pareille circonftance. Elle me ferma les ïeux fur la démarche, que j'allois faire, en fervant mon ami contre l'honneur de mon propre fang. Je renonçai dans un inftant à ma Patrie, à mes biens, à la faveur de mon Prince, à toute efpérance de fortune, pour me précipiter dans l'abîme, où couroient volontairement ces deux Amans infortunés, que je chériffois avec une ardeur inexprimable.

Ce fut moi, qui pendant une nuit, dont l'obfcurité favorifoit notre entreprife, tirai Rofelinde de la maifon de fon Père. Je lui fis prendre un habit d'hom-

me , & la conduisis sous ce déguisement au $Baron , qui nous
tenoit des Chevaux prêts hors
des murs d'Ingolstadt , & qui nous
atendoit avec une impatience
mêlée de la plus vive inquiétude.

Il faudroit , Seigneur , avoir
été présent à cette entrevue , pour
concevoir une juste idée des transf.
ports de ces Amans. Ils ne pouvoient se rassasier du plaisir de
se voir , & de s'exprimer l'ardeur de leur flâme. Je leur ré-
présentai le danger , que nous
courions, en nous arêtant - là trop
long-tems. Nous montâmes à
Cheval avec deux Domestiques ,
sur qui nous pouvions comter.
Mais Roselinde ne partit pas
sans avoir reçu le serment du
Baron , qui s'engagea de l'épouser , aussi - tôt que nous serions
arivés dans un lieu de sûreté.

Nous marchâmes avec une extrême diligence jusqu'au jour, & même une partie de la matinée. La crainte que Roselinde ne fut trop fatiguée, nous fit prendre quelques heures de repos, dont nous crumes qu'elle avoit besoin. Nous entrâmes dans une Hotellerie, qui n'êtoit éloignée que de quelques lieues de la frontière des Etats de l'Electeur. Le séjour un peu trop long, que nous y fimes, faillit à nous être funeste. Gui, s'êtant aperçu, peut-être même avant le jour, de la fuite de sa Fille, fit courir après nous; & ceux qu'il avoit chargés de ce soin, nous ateignirent à deux cens pas de l'Hotellerie une heure avant la nuit. Nous êtions pour lors au mois de Juin. Ils êtoient six hommes bien armés, & qui paroissoient déterminés à ne nous faire aucun quartier.

Nous jugeames qu'il falloit vaincre ou mourir. L'objet , pour
la possession duquel nous allions
combatre , nous inspira la plus
vive ardeur. Le Baron se batit
en lion , & fit des actions dignes d'une éternelle mémoire.
Roselinde même voulut donner
des preuves de son courage. Il
sembloit que les habits , dont elle
ètoit vêtue , avoient fait perdre
à cette belle Fille la timidité
naturelle à son sexe. Elle se jeta,
malgré nous , au milieu de la
mêlée , & tua d'un coup de Pistolet celui , qui paroissoit être le Chef
de ceux , qui nous poursuivoient.
Après un coup si hardi , vous
devés être moins surpris , Seigneur , des exploits , dont vous
avés été le témoin. La brave Amazone , que vous avés vû combatre , est cette même Roselinde ,
dont j'ai l'honneur de vous par-

ler ici. Presque dans le même tems, Stalem & moi nous nous défîmes de deux autres de nos ennemis. Ce qui donna tant de fraïeur aux trois, qui restoient , qu'ils aimèrent mieux chercher leur salut dans la fuite , que de s'exposer à subir le sort de leurs Compagnons. Nous eumes le bonheur , de ne recevoir aucunes blesures , qui fussent dangereuses ! Mon Valet de Chambre fut le seul, qui périt dans ce combat.

Après cette sanglante action , nous nous hâtames de sortir des Terres de Bavière. Comme nous craignions encore les poursuites de notre Souverain & du Père de Roselinde , si nous restions dans l'Empire , nous nous retirâmes à Strasbourg , où nous crumes que nous serions plus en sûreté.

Durant toute la route , Roselinde agit avec tant de sagesse ,

& de retenue, que sa conduite augmenta l'estime, que nous avions déja pour elle. Le Baron l'épousa dès que nous fumes arivés à Strasbourg.

Ce fut alors que je leur découvris la violence des sentimens, que Roselinde m'avoit inspirés, & celle que je m'êtois faite, pour les contenir, dès leur naissance, dans les bornes, que l'amitié leur prescrivoit, Ils admirèrent tous deux le triomphe, que j'avois remporté sur moi-même. Le Baron m'assura que son amitié pour moi ne pouvoit plus s'acroître ; mais que l'action, que j'avois faite en lui sacrifiant mon amour, éterniseroit les sentimens de son estime & de sa reconnoissance. Roselinde me protesta qu'après la personne de son Epoux, je serois celle qui lui seroit la plus chère. Elle me promit une amitié de

Sœur

Sœur , & par galanterie elle me permit , de même que son Epoux, de l'apeller ma Maîtresse.

Voilà jusqu'à ce jour , toutes les faveurs , que j'ai reçues d'elle. J'ai toujours vu ses atraits acompagnés d'une majesté si grande , que si les uns entretenoient en moi l'ardeur la plus vive ; l'autre en arêtoit les progès par la crainte & le respect , qu'elle m'inspiroit. Je puis dire que l'Amour & l'Amitié regnoient également dans mon cœur ; & que j'eusse mieux aimé mourir que de me permètre quoique cesoit , dont le Baron ou sa Femme eussent pû recevoir le plus léger déplaisir.

Ils jouissoient cependant tous deux d'un sort fort tranquille , lorsque nous aprimes par les Amis , que nous ayions à la Cours de Bavière , les plus fâcheuses nouvelles,

I. Partie. R.

que nous puffions recevoir. On
nous manda que l'Electeur avoit
été fi fort irité contre nous, qu'il
avoit ordonné qu'on nous fit notre Procès, comme à des Raviffeurs
& fuivant toute la rigueur des
Loix. Gui follicita lui - même les
Juges, & hâta notre malheur.
Stalem & moi nous fumes condamnés à perdre la tête, & tous
nos Biens furént confifqués.

Ce coup, auquel nous ne nous
àtendions pas, nous fit prendre
la réfolution de pénétrer plus avant
dans la France. Nous apréhen-
dâmes d'être arêtés en Alface ;
& Strafbourg nous parut trop
près de notre Patrie. Paris, l'a-
file de tous les étrangers malheureux, nous ofroit une retraite plus fûre. Nous nous rendîmes
dans cette Capitale du monde ;
& nous la trouvâmes digne de
ce nom, par toutes les merveilles

que nous y vîmes , & que nous
ne nous laſſames point d'admirer.

Nous reſtames à Paris environ
deux ans , pendant leſquels nous
travaillames par le moïen de nos
Amis à calmer la colère de notre
Souverain , & celle du Père de la
Baronne de Stalem ; mais ce fut
ſans aucun ſuccès. Gui, pouſſé par
ſa Femme & par Roger , fut
inflexible à toutes les ſollicitations,
à toutes les prières , qu'on put
faire à notre faveur. Il avoit obtenu la moitié de la confiſcation de
nos Biens ; & comme l'intérêt eſt
ſa paſſion la plus vive , il ferma
ſes entrailles à la nature, qui ſol-
licitoit ſa tendreſſe. Il aima mieux
renoncer à ſa Fille unique , que
d'être dépouillé des richeſſes, qu'il
auroit fallu nous rendre.

Nos reſſources s'épuiſerent à la
fin. Nous conſumames tout l'ar-
gent & les éfets , que nous avions

aportés de Bavière. La Barone
vendit jufqu'à fes Pièreries pour
nous faire fubfifter. Ce ne fut
reculer notre malheur , que de
quelques mois. Dans cette cruelle
extrèmité , la mifère , encore
plus que les bruits qui fe répan-
dirent d'une Guère prochaine
avec notre Patrie , nous fit fonger à fortir de Paris. Nous fou-
tinmes notre malheur avec courage ; & nous réfolumes de retourner en Allemagne , pour
prendre parti dans les Troupes de
l'Empereur.

La Barone étoit un obftacle
à ce deffein. Le Baron , qui n'a-
voit rien perdu de l'amour , qu'il
avoit pour elle , lui communiqua
notre projet , avec toutes les marques de la plus vive douleur. Il
lui propofa , comme nous en
êtions convenus , de travailler elle - même à fe reconcilier prom-

tement avec son Père, afin de pouvoir se retirer chés lui, pendant que nous irions, où la Guere nous apèleroit, atendre qu'il plût à la fortune de mètre fin à nos disgraces.

Cette Héroïne ne voulut jamais entendre parler, d'abandonner son Mari. Je vous suivrai partout, lui dit-elle avec une mâle résolution. S'il m'est impossible de faire changer votre destinée, je l'adoucirai du moins en la partageant. Que mon sexe ne soit pas un obstacle à vos desseins. Je le déguiserai, comme j'ai fait dans nos voïages. Je me sens même assés de force, pour vous seconder dans les travaux, que vous voulés entreprendre. Allons, chèr Epoux, continua-t-elle, méritons un sort plus heureux par notre courage & par notre constance ; ou mourons généreusement pour la défense de notre Patrie.

Le Baron ne put retenir plus long-tems ses transports. Il l'embrassa plusieurs fois. Il loua sa résolution. Il la remercia du nouveau témoignage, qu'elle lui donnoit, de sa tendresse & de sa générosité. Quant à moi, j'étois si surpris de ce que je venois d'entendre, que je ne pus qu'admirer le courage de cette incomparable Femme, sans pouvoir prononcer une seule parole. Nous restames encore deux mois à Paris, pendant lesquels aïant changé de quartier, depeur d'être reconnus, nous aprimes à la Barone, qui venoit de quiter une seconde fois les habits de son sexe, tous les exercices, qui convenoient au nouvel état, auquel elle se destinoit. Elle y réusit avec une facilité surprenante. Elle manioit les armes avec tant d'adresse & tant de grace, qu'on la prenoit pour un Cavalier des plus parfaits.

Enfin, nous quitâmes Paris , pour
nous rendre en Allemagne, où la
Guère ne tarda pas à se déclarer.
Nous primes parti tous les trois,
en qualité de Volontaires , dans
le même Régiment. Nous avons
le Baron & moi , montré dans
toutes les ocasions que nous n'a-
vions de ressource que dans notre valeur ; & notre Héroïne ,
ne voulant point nous céder , a
fait voir de son côté que l'Amour,
qui donnoit l'âme à son courage,
l'élevoit non seulement au dessus
de son sexe , mais encore au-dessus
des hommes les plus intrépides.

Après une infinité d'actions ,
dont nous sommes sortis avec quelque gloire , nous nous renferma-
mes dans cette Place , pour avoir
part à l'honneur de la défendre.
Nous avons fait notre devoir ,
Seigneur , avec quelque réputation. Mais que pouvoient nos

foibles éforts contre un Général,
qui fait précéder la victoire par
tout où fes deffeins conduifent fes
pas? Ah ! s'il étoit écrit, ô Ciel!
dans tes décrets que fes nouveaux lauriers feroient arofés de
tout le fang de mon malheureux.
Ami ; pourquoi faut-il qu'on ait
épargné le mien ?

Voilà , Seigneur le recit que
vous exigé de moi. Pardonnés à
ma douleur la manière, avec laquelle je m'en fuis aquité. Je n'ai
plus qu'à mourir ; & je mourrai
fatisfait, fi je puis me flater qu'un
Héros généreux & plein d'hu-
manité, ne refufera pas d'hon-
norer de fa protection une Veuve
infortunée; & de s'interéffer auprès.
de mon Prince pour faire ceffer
fes difgraces. C'eft la feule faveur à laquelle je puiffe encore
être fenfible, après la perte, que
j'ai faite du plus parfait Ami qui fut,
jamais.   Le

Le Maréchal fut extrèmement touché du recit de M de Salbourg. Il le remercia de fa complaifance , & le combla d'honnétetés. Il lui confeilla de ne fe pas laiffer abatre par fa mauvaife fortune , & l'affura même que nonfeulement il auroit toutes fortes d'égards pour la Barone de Stalem , mais qu il alloit travailler avec zèle à les rétablir l'un & l'autre dans les bonnes graces de leur Souverain , & dans tout l'éclat de leur première fortune: Il vit quelque jours après la Barone, à laquelle il fit les mêmes promeffes , en lui témoignant la part , qu'il prenoit à fes malheurs.

Le foin qu'on avoit eu d'elle , avoit fait revenir une partie de fes forces ; mais elle reffentoit toujours vivement la perte de fon Epoux. Elle demanda plufieurs fois à voir Monfieur de Salbourg , afin d'a-

doucir fa douleur par la préfence
d'un ami fi chèr , & de mêler fes
larmes avec les fiennes ; mais il
n'étoit pas état de lui donner cette
fatisfaction ; & quoique fes bleffures fuffent très-legères , on ne
lui permetoit pas encore de fortir de fa Chambre.

Lorfqu'elle fut entièrement rétablie, elle parut dans les habits
de fon fexe , avec tout l'éclat
d'une beauté parfaite. Un air de
trifteffe & de langueur ajoutoit
à fes charmes , loin de les afoi-
blir. La reconnoiffance , qu'elle
devoit à Monfieur de Salbourg ,
la fit paffer fur les bienféances a-
tachées à fon état de Veuve. Elle
lui rendit vifite auffi-tôt qu'elle
put fortir. A la vûe de cet ami
fi chèr , elle ne pût retenir un torrent de larmes , qui coulèrent de
fes yeux. Monfieur de Salbourg ,
enchanté de la revoir , mais auffi

livré qu'elle à la tristesse , lui répondit par des pleurs , que la
douleur & la joie lui faisoient répandre. Ils furent long-tems sans
pouvoir se parler ; mais un silence éloquent les instruisoit bien
mieux , que les discours les plus
tendres , de tout ce qui se passoit dans leur cœur. Elle continua pendant quelques jours à lui
rendre visite ; & la présence
d'un objet si cher contribua plus ,
que tous les remèdes , à la prompte
guérison de ses blessures.

Il fut bien-tôt en état d'aller
marquer à la Barone la recon-
coissance , dont il étoit pénétré.
Leurs entretiens ne rouloient que
sur la perte , qu'ils avoient faite
l'un & l'autre ; & jamais il ne se
permit rien , qui put trahir l'amour,
dont il bruloit en secret. Cette
conduite sage & respectueuse
toucha le cœur de la belle Veuve,

& la difpofa fans peine à païer de
retour une Paffion , qu'elle n'ignoroit pas , & qui ne fe manifeftoit
que fous les aufpices de la foumiffion & du refpect.

Le Maréchal cependant avoit
fait en faveur de M. de Salbourg
& de la Barone de Stalem , encore
plus qu'il ne leur avoit promis.
Non content d'écrire à l'Electeur
de Baviére , pour les faire rétablir
dans leurs Biens, il avoit travaillé de
plus à les unir enfemble. Au détail des circonftances intéreffan-
tes de leur Hiftoire , il avoit joint
les prières les plus preffantes.
L'Electeur en fut touché. La mort
du Baron de Stalem défarma fa
colère. Les malheurs de fa Veuve ,
ceux de Monfieur de Salbourg ,
qu'il eftimoit , le difpofèrent à
leur rendre fes bonnes graces. Il
fit venir le Père de la Barone ,
& lui commanda de la recevoir.

& de la donner en Mariage à
Monſieur de Salbourg.

Ce Père, autrefois ſi dénaturé,
ſentit renaître dans ſon cœur la
tendreſſe, qu'il avoit eue pour ſa
Fille; & comme on ne lui parloit point de rendre la part, qu'il
avoit eue dans la confiſcation des
Biens du Baron de Stalem, il
donna les mainſſans répugnance
à tout ce qu'il plut à ſon Souverain de lui preſcrire. Le Maréchal, aïant reçu ces heureuſes
nouvelles, voulut en inſtruire lui-
même la Barone & Monſieur de
Salbourg; & peu de jours après,
il les fit conduire à Munich.

Il ſeroit dificile d'exprimer la
joie, dont le cœur de Monſieur
de Salbourg fut pénétré, lorſqu'il
ſe vit à la veille de poſſéder l'objet d'un Amour juſque-là ſi malheureux. A leur arivée ils allèrent
ſe jeter aux pieds de l'Electeur.

Ce Prince leur fit un très-bon
acueil, & les préfenta lui-même au
Père de la Barone. Gui fe fit honneur de fon obéiffance. Il les reçut avec toutes les aparences d'u-
ne fincère tendreffe. Ils quitérent
bien-tôt Munich, pour fe rendre
tous enfemble chés eux, où Roger & fa Mère les reçurent d'une
manière, qui n'anonçoit que trop
avec quel dépit ils voïoient tous
leurs projets avortés.

Monfieur de Salbourg crut alors
pouvoir parler ouvertement à la
Barone de fa Paffion; mais il
en parla toujours avec toute la
foumiffion d'un Amant refpectueux, & fans fe prévaloir des
ordres de l'Electeur ni de la volonté du Père. Il voulut ne devoir fon bonheur qu'à fon Amour
feul.

La Barone ne pût réfifter à
tous les motifs, qui la preffoient

de faire le bonheur d'un Amant
si parfait ; mais pour s'aquiter
de ce qu'elle devoit à la mémoire de son Epoux , elle voulut
atendre que le tems de son deuil
fut expiré. Ses Nôces furent cé-
lébrées alors avec beaucoup de
pompe & de magnificence , &
l'heureux Salbourg reçut la ré-
compense que méritoient l'Amour
& l'Amitié , dont il avoit donné
tant de preuves éclatantes.

Fin de la premiere Partie.

LA VICTOIRE

HEROIQUE.

TROISIEME HISTOIRE.

L'Histoire a pris soin de consacrer par les éloges les plus magnifiques les glorieuses victoires, que quelques persones ont remportées sur leurs Passions ; mais il en est peu qu'elle ait plus vantées que celles, où Joseph, Alexandre & Scipion, triomphèrent du pouvoir de leurs sens dans quelques-unes de ces ocasions délicates, où tant d'autres auroient

I I. Partie.   T

fait gloire de fucomber. A ces anciens exemples d'une modération fi peu commune , qu'on ne fe laffera jamais de l'admirer , joignons un exemple moderne , qui pour être moins connu , n'en eft pas moins digne de notre eftime & de nos louanges.

Vers la fin du Regne d'Henri le Grand , vivoit à la Cour de France un Seigneur, qui fut honoré de la qualité de Duc pour récompenfe des fervices , qu'il avoit rendus à l'Etat. Le Roi , qui connoiffoit fon mérite & fa capacité , lui donna le gouvernement d'une Province ; dont la fidélité lui devenoit fufpecte. Le Duc fe comporta dans ce Pofte important avec tant de zèle & d'habileté , qu'il prévint toujours les troubles , que des Efprits remuans & factieux , enhardis par l'éloignement de la Cour , s'éforçoient d'exciter.

Comme il étoit obligé de résider dans son Gouvernement il y fit venir sa Femme avec une Fille, le seul enfant, qu'ils eussent eu de leur mariage. Iolande, c'est le nom de cette Fille, n'avoit encore que dix huit ans, & joignoit aux graces de la beauté tout ce qu'une brillante éducation peut donner. Elle passoit pour une Personne acomplie, & faisoit l'objet de l'admiration & des recherches des plus grands Seigneurs de la Province; mais elle paroissoit insensible à toutes leurs galanteries. Son cœur étoit depuis long-tems en proie à la Passion la plus violente. L'Amour, qui fait tout raprocher, & qui ne connoit aucune distinction de qualité, de rang, de richesses, l'avoit vivement blessée pour une Personne, qui paroissoit être, & par sa naissance, & par sa fortune, bien au-dessous d'elle.　　T 2

C'étoit un jeune homme , que le Duc son Père avoit à son servi-ce , & qui dans son enfance avoit été Page de la Duchesse. Il étoit d'une ancienne Maison , tombée dans l'indigence par les malheurs des Guères Civiles. Dubreuil , c'est ainsi que je le nommerai , bien fait , & d'une physionomie heureuse , n'avoit alors que vingt ans. Il avoit répondu dignement aux soins , que le Duc avoit pris de son éducation. Il s'étoit distin-gué dans tous les Exercices , qu'on a coutume de faire aprendre aux jeunes gens de sa condition ; & guidé par un goût particulier , il avoit orné son esprit des Connois-sances les plus utiles & les plus agréables.

Les qualités de son cœur ré-pondoient à celles de son esprit. Il étoit plein de douceur , de po-litesse & de modestie. Ces vertus

aimables lui gagnèrent l'eftime &
l'amitié de tout le monde ; mais
ce qui méritoit furtout en lui des
éloges , c'eft qu'il ne fe pouvoit
rien ajouter à fon refpect , à fon
atachement , à fa fidélité pour le
Duc & la Ducheffe. Tant de belles qualités le rendirent chèr à ce
Seigneur , qui le gardoit dans
fa Maifon à titre de Gentilhomme , jufqu'à ce qu'il fe pré-
fentât une ocafion favorable ou
de l'avancer dans le Service ou
de lui procurer un établiffement
avantageux.

Le zèle & l'afection , avec lefquels Dubreuil s'aquitoit de fes
diférens devoirs , lui valurent toute la confiance de fon Maître ,
qui parvint à l'aimer avec une
tendreffe , qui diféroit peu de celle qu'il avoit pour fa propre
Fille. Il fe repofoit fur lui d'un
grand nombre d'afaires , aufquel-

les la multitude & l'importance
de ses ocupations ne lui permet-
toient pas de donner ses soins.
Dubreuil avoit déja l'esprit mur
dans un âge encore tendre ; & la
probité , qui faisoit le fond de
son caractère , étoit si grande ,
qu'on ne vit jamais rien de ré-
préhensible dans sa conduite. La
sagesse ne cessa jamais d'être la
regle de ses actions ; & quoique
Iolande n'eut pas craint de lui
faire connoître plus d'une fois toute l'ardeur de sa Passion ; il sut
toujours se renfermer dans les
bornes de la retenue la plus sevère;
& jamais les apas de la Fille ne
lui purent faire oublier ce qu'il
devoit au Père.

Cette conduite étoit d'autant
plus digne d'admiration , qu'il
aimoit autant qu'il étoit aimé.
Les charmes d'Iolande avoient
fait sur son cœur une impression

auffi forte, que celle qu'il avoit faite lui-même fur le cœur de cette jeune Perfonne. Elevés, pour ainfi dire, l'un avec l'autre, ils avoient dès-là première Enfance, éprouvé les éfets de cette douce fimpatie, qui fait unir les Cœurs avec des liens fi forts, qu'il eft comme impoffible de les rompre. Lorfqu'ils étoient enfemble, la fatisfaction la plus vive brilloit fur leur vifage: Le chagrin, l'ennui, dans lequel ils romboient éloignés l'un de l'autre, ne faifoient que trop connoître combien ils goutoient mutuellement de plaifir à fe voir.

Trop jeunes encore pour démêler ce qui les charmoit l'un par l'autre, ils vivoient tous deux dans cette heureufe ignorance, qui ne connoit ni crainte ni dangers. Si des perfonnes plus expérimentées s'apercevoient quel-

quefois des témoignages trop em-
preffés , qu'ils fe donnoient de
leur amitié , loin de prendre de
fages mefures pour en prevenir
les fuites , elles les tournoient en
badinage ; & par cette imprudence elles travailloient à fortifier des
fentimens , qui devenoient tous
les jours plus vifs & plus dangereux.

Il eft vrai que l'innocence acompagnoit toujours leurs démarches &
leurs actions ; mais elle n'étoit
que le fruit de l'inexpérience de
leur âge. Qu'il étoit à craindre
qu'ils ne s'égaraffent auffi-tôt qu'ils
pouroient s'égarer!

Leur raifon , éclairée par l'âge,
porta le jour dans leur cœur. Ils
virent à découvert quelle étoit
l'efpèce de Sentiment , qui les
avoit guidés jufqu'alors. Mais que
cette connoiffance produifit en
eux des efets bien diférens. Du-

breuil frémit à la vue des dangers, qui menaçoient sa jeunesse & son innocence. Une foule de réflexions vint s'ofrir à son esprit timide. Il en fut alarmé. L'amour eut beau le solliciter en faveur d'Iolande, l'honneur, la vertu, la fidelité le soutinrent. Elles lui prêtèrent des armes pour se garantir des charmes de cette Fille, & pour triompher de l'atrait du plaisir, ennemi d'autant plus dangereux, qu'il plaît toujours. Mais, pour mieux assurer son triomphe, il crut devoir changer entièrement de conduite avec Iolande. Petit à petit il retrancha cette familiarité, qu'un âge avoit tendre avoit autorisée, & qu'il croïoit ne pouvoir plus prendre ou soufrir, sans s'exposer au danger de se perdre. Il ne vit Iolande que le plus rarement qu'il put : & lorsque la bienséance, ou son devoir l'obli-

geoient de se presenter devant
elle, la pudeur & la modestie
dirigoient toutes ses paroles&
toutes ses actions.

Pour Iolande, les funestes suites, que pouvoit avoir la passion,
qu'elle avoit découverte dans son
cœur, ne lui causèrent aucune
alarme. Elle ne les entrevit pas
même; & loin que la Noblesse de
son Sang, ou les avantages, que
la Fortune lui donnoit sur Dubreuil,
pussent altérer ses sentimens, elle
n'en trouva l'objet que plus aimable. Uniquement sensible au plaisir d'aimer & d'être aimée, elle se
nourit des espérances les plus flateuses; & son cœur, naturellement généreux, goutoit par
avance le bonheur d'avoir fait la
fortune d'un Amant chéri.

Sa seule crainte, sa seule inquiétude étoit d'être moins aimée.
La conduite réservée de Dubreuil

l'alarmoit. Incapable de faire des réflexions solides , & livrée toute entière à sa passion , elle ne s'ocupoit que des moïens de paroître de plus en plus aimable à Dubreuil , & de faire naître dans le cœur de cet Amant trop timide & trop prudent , les mêmes espérances dont elle se repaissoit.

Projet fatal , qu'elle ne put exécuter qu'aux dépens de sa réputation & de sa gloire ! Ce n'est pas qu'elle eut réellement dessein de rien faire qui pût offenser l'une & détruire l'autre. Ses vues étoient légitimes en un sens. Elle n'avoit d'autre but que d'unir son sort à celui de Dubreuil. Les raisons , qui devoient la dissuader d'une prétention aussi folle , se présentoient à peine à son esprit; & remètant tout entre les mains du tems , elle vouloit recevoir continuellement autant de témoignages d'amour qu'elle en donnoit. De-là vint une conduite si peu mesurée, qu'elle ne pouvoit, interprétée même sans malignité, que lui faire beaucoup de tort. Dans la crainte de laisser ralentir le feu, qu'elle savoit avoir allumé dans le cœur de son Amant, elle ne gardoit en quelque sorte à l'extérieur ni bienséance ni ménagemens. En quelque ocasion que Dubreuil s'ofrit à ses yeux, elle annonçoit à tout le monde par ses regards enflamés, ce qu'elle devoit souhaiter que tout le monde ignorât. Cette Pudeur, qui sied si bien aux Personnes de son Sexe, ce don précieux, qu'elles ont reçu de la Nature, comme un frein, qui les doit retenir dans les bornes du Devoir; il sembloit qu'elle en eut secoué le joug. On eût dit que la voix de l'honneur & du respect

humain, qui sait en impofer à
tant d'autres & les contenir, n'a-
voit plus pour elle que des sons
impuiffans. Auffi peu Maîtreffe
d'elle-même en préfence de témoins, que devoit-ce être,
quand elle fe trouvoit feule avec
fon Amant ? D'autant plus animée,
qu'il afectoit plus de froideur ; &
toujours moins réfervée à proportion qu'il étoit plus prudent, elle gardoit fi peu de mefures dans
la peinture de fon amour pour lui,
dans les reproches d'ingratitude,
dont elle l'acabloit, & dans l'é-
talage féduifant de tout ce qu'elle fe fentoit capable de faire pour
leur commun bonheur, qu'il falloit
que Dubreuil fut retenu par des motifs auffi forts, que ceux qui l'arêtoient pour ne pas céder au defir de
profiter de la foibleffe d'un cœur, qui
paroiffoit n'avoir rien à lui refufer.
Qu'il en devoit couter à cet

Amant aimé pour se faire une si dure violence ! Sa passion ne le cédoit point à celle d'Iolande ; mais plus sage & moins emporté qu'elle, il ne perdit jamais de vue l'afreux précipice, dans lequel il pouvoit tomber. Sa raison, comme un flambeau lumineux, éclairant tous ses pas, le préserva toujours d'une honteuse chûte. Ah ! qu'un cœur tendre & sensible est cruellement déchiré, lorsqu'il ne doit oposer à tant d'amour qu'une contrainte & qu'une rigueur éternelle ! Dubreuil fut cent fois sur le point de se perdre : & s'il évita des dangers, d'autant plus redoutables, qu'ils ne s'ofroient que sous une aparence charmante; il ne dut sa victoire qu'à ses réflexions, & qu'à l'atention continuelle, qu'il eut d'éviter des combats, dont on ne peut sortir vainqueur que par la fuite.

Un jour entreautres que le Duc
& la Duchesse étoient sortis tous
les deux , Dubreuil , abimé dans
une profonde mélancolie , se promenoit dans les Jardins de l'Hôtel. Il rêvoit tristement à la rigueur
de sa destinée , qui lui présentoit
sans cesse un bien , auquel tout lui
défendoit d'aspirer : lorsqu'Iolande , qui n'avoit garde de laisser
perdre une si favorable ocasion
de lui parler de son amour , des-
cendit avec précipitation dans le
Jardin pour faire un dernier éfort.
Dieux , qu'elle lui parut à craindre dans ce moment!

Un art ingénieux avoit joint à
ses apas les agrémens d'une parure recherchée : & l'amour sembloit avoir armé ses ïeux de ses
traits les plus redoutables Dubreuil
fut frapé de leur éclat , comme d'un
coup de foudre ; & le trouble ,
qui se répandit dans tous ses sens,

ne lui permit pas d'avoir recours au stratagème, qui l'avoit tant de fois si bien servi. Devenu comme immobile, il n'eut pas la force de fuir.

Iolande s'aperçut avec plaisir du désordre de Dubreuil. Elle s'aplaudit du triomphe, que ses charmes venoient de remporter; & se flatant enfin d'une entière Victoire : Qu'avés-vous, mon cher Dubreuil, lui dit-elle, avec une douceur capable de toucher le cœur le plus sauvage ? Qu'avés-vous? Le changement, que je vois en vous, seroit-il l'éfet votre repentir & de votre re   vers moi? Votre cœur, depuis . long-tems insensible aux tourmens, que je soufre, se lasse-t-il enfin de se fermer à la pitié ? Laisse-t-il enfin reprendre à l'Amour tous les droits, qu'il avoit sur lui? Vous préparés-vous enfin à me rendre

cet

cet heureux tems, où satisfait, enchanté du plaisir de me voir, vous saviés si bien m'exprimer l'ardeur de votre flâme ? Nous passions alors les journées entières, dans les plus doux amusemens. Quel afreux changement a succédé tout d'un coup à des instans si précieux ! Vos ieux évitent partout les miens. Vous fuïés ma présence avec autant de soin, que vous aviés autrefois d'empressement à la rechercher. Quelle est donc la cause d'une conduite, qui m'outrage? Ne me trouveriés-vous plus les mêmes apas, qui vous avoient touché; ces apas aufquels tant d'autres viennent tous les jours rendre des homages si flateurs? Ou bien n'auriés-vous point cessé de m'aimer par dégout pour une conquête trop facile, & qui n'a plus rien de piquant & de nouveau pour vous? Ingrat, est cela le

prix , que j'avois droit d'atendre de mes bontés ; moi ! qui me
fais encore une gloire de rebuter
pour vous les vœux d'une foule
d'Adorateurs humiliés à mes pieds?
Ah , qu'un seul des regards, dont
vous faites si peu de cas , jete-
roit de satisfaction & de ravissement dans leurs Cœurs ! Mais
tous leurs homages , tous leurs
soupirs ne pouront jamais toucher
le mien. Je n'aime , & ne puis
aimer que vous. Vous seul pouvés
faire la félicité de la tendre Iolande. Jugés de la violence de sa
passion par l'humiliant aveu , qu'elle vous fait de sa foiblesse. Elle
en connoit toute la honte ; n'en
doutés pas. Mais l'Amour , cet
impérieux Tiran , exerce sur son
Cœur un pouvoir absolu. Craignés d'irriter sa flâme par de nouveaux dédains : & de livrer aux
plus afreux désespoir une malheu-

reufe , qui fe fentant incapable
de rien faire qui doive réellement
la déshonorer , n'ignore pas cependant que toutes fes démarches
font autant de facrifices , qu'elle
vous fait de fa gloire.

Des ruiffeaux de larmes inondèrent
alors fon vifage ; & mille foupirs ,
entrecoupés de fanglots, ne lui permirent pas d'en dire davantage.
Mais ce muet & tendre langage êtoit
bien plus propre que toutes fes
plaintes & fes difcours à faire oublier à Dubreuil les refolutions
qu'il avoit prifes.

Ah ! ceffés , belle Iolande , s'é-
cria-t-il, ceffés d'acabler un malheureux mille fois plus à plaindre
que vous ne l'êtes vous-même :
car il n'eft plus tems de feindre,
ni de vous déguifer un fecret ,
dont vous ne devés tirer aucun
avantage. C'eft ici la dernière fois
que je veux m'expofer à vos re-

V 3

gards. Une fuite prompte & volontaire va m'éloigner pour jamais
de votre préfence , trop redoutable à ma foiblesse. Je vous aime,
Iolande. L'Amour blessa mon
Cœur du même trait , dont il perça le vôtre. Comment aurois-je
pu m'en défendre! Le peu d'expérience de ma jeuneffe m'en dé-
roba la connoiffance. Je ne fon-
geois alors qu'à partager avec
vous l'innocence de vos jeux &
de vos amufemens. Un âge plus
mur , m'aiant enfin ouvert les
ïeux , je connus infenfiblement
& par degrés toute la force de
ma paffion. Que de violens combats ne livra-t-elle pas à mon Cœur?
Tantôt vainqueur , tantôt vaincu , j'éprouvai fucceffivement ma
force & ma foibleffe, Mais , hélas ! je reconnus bien-tôt que ce
combat étoit inégal & dangereux,
Je fus convaincu qu'il me feroit

impoſſible de m'expoſer continuellement à la vue de l'Objet le
plus aimable , ſans courir en même -tems le riſque d'un naufrage
aſſuré. Je pris donc la réſolution
de fuir avec ſoin toutes les oca-
ſions de nourir un feu , que votre préſence n'eut fait qu'allumer
de plus en plus. Mon Cœur , n'en
doutés point , belle Iolande : mon
Cœur n'eſt rien moins qu'inſenſible ; mais la Raiſon , le Devoir,
la Reconnoiſſance pour vos généreux Parens doivent condamner
mon amour au ſilence le plus rigoureux. Le Ciel n'a point formé
nos liens. La diſtance,qu'il a voulu
mètre entre votre fortune & la
mienne , eſt trop grande pour la
pouvoir franchir. La délicateſſe
de mes ſentimens demande même que je vous faſſe ce ſacrifice cruel & néceſſaire tout à

fá fois. L'exemple, que je vous donne, doit être imité. La Vertu, le Devoir, la fplendeur de votre Sang, tout exige que vous étoufiés un amour inutile & même honteux pour vous. Adieu donc, charmante Iolande. Je ne vous vèrai plus. Je le dois pour vous & pour moi. Puiffe une paix durable fuccéder au trouble de votre Cœur, & faire la fécilité de votre vie.

Sans atendre la réponfe d'Iolande, Dubreuil s'éloigna d'elle avec une viteffe, qui ne laiffa pas le tems à cette Amante infortunée de lui faire connoître la douleur & le défefpoir, que fa réfolution venoit de lui caufer. S'étant auffi-tôt retiré dans fa Chambre, il s'afermit de plus en plus dans le deffein, qu'il avoit formé de s'éloigner. Il ne tarda pas à gouter les fruits de la victoire, qu'il venoit de rem-

porter fur lui-même. Un calme
profond apaifa le trouble & le défordre de fes fens. Le Duc fut
à peine rentré, que cet Amant
vertueux l'alla trouver pour lui
demander la permiffion de fe
retirer.

Je ne doute point, Seigneur,
lui dit-il, après l'avoir falué d'un
air grave & modefte, que la
prière, que je vais vous faire,
ne vous jète dans la furprife. Pénétré du plus profond refpect pour
votre Perfonne, & du zèle le
plus ardent pour vos intérêts, je
n'ai point d'autre ambition, que
celle de vous confacrer tous les
momens de ma vie. Comment re-
garderés-vous donc la permiffion,
que je vous fuplie de m'acorder
de quiter votré Service & votre
Maifon. J'ofe vous affurer, Seigneur, que mon Cœur n'eft point
ingrat, & qu'il confervera fans
V

cesse. le souvenir des bienfaits ,
dont vous m'avés comblé. Mais
cette reconnoissance même , que
je vous dois , exige de ma part
un prompt éloignement , & de
plus que je vous cache les motifs . . . .

Que me dites-vous , Dubreuil,
interrompit le Duc avec précipitation ? Quel sujet de plainte avés-
vous reçu dans ma Maison , que
vous aïés à me taire ; Votre silence & votre discrétion ofense
se l'amitié , que j'ai pour vous ; &
votre retraite la blesse encore plus.
Mon amitié n'a pas prétendu sebor-
ner aux soins , que j'ai pris de votre
éducation. Elle ne peut être satisfaite qu'en vous procurant un éta-
blissement avantageux. Je le dois
à toutes les preuves , que vous m'a-
vés données de votre atachement.
J'en cherche & j'en atens l'ocasion avec impatience : & vous de-

mandés à me quiter ! Vous faites
plus. Vous voulés me quiter fans
m'en aprendre la raifon. Ex-
pliqués-moi ce Miftère. Il commence à me donner de l'inquiétude & de la défiance. Parlés
fans aucun déguifement. De
quelque nature que foit le fecret, que vous vouliés me cacher, ne craignés rien de ma
part, mais fongés que je veux
être obéi fans replique.

Ah, Seigneur ! reprit le jeune
Homme, en fe jetant aux pieds
du Duc ; le récit, que vous exi-
gés de moi, ne peut que vous irriter. Il va de votre repos de l'i-
gnorer ! N'importe, reprit le
Duc, je veux être inftruit de
tout. Hé bien, Seigneur, dit
Dubreuil, je ne réfifte plus. Ma
foumiffion va vous prouver jufqu'où va mon refpeEt & mon atachement. Après ces mots, fans

ofer lever les ïeux fur le Duc , il
lui fit avec tous les ménagemens,
dont il fut capable , un récit fincère & détaillé des malheureux
progrès , que l'Amour avoit faits
dans fon Cœur & dans celui
d'Iolande ; & finit par le fuplier
encore de trouver bon qu'il fe retirât dans la crainte des fuites ,
que pouvoit avoir une Paffion ,
dont il ne feroit peut-être pas toujours le Maître.

Le Duc extrèmement furpris ,
& pénétré de douleur de ce qu'il
venoit d'aprendre , ne put s'empêcher d'admirer la vertu de Dubreuil. Il le loua, le remercia même
de la nouvelle preuve de refpeé &
d'atachemént , qu'il lui donnoit; &
lui dit que la démarche , qu'il venoit de faire , ne pouvoit qu'augmenter les fentimens d'eftime ,
qu'il avoit déja pour lui : qu'il
vouloit cependant s'éclaircir par

lui-même de la vérité des chofes, dont il venoit de l'informer ; & qu'il lui commandoit de refter à fon Service fans aucune crainte d'encourir fa difgrace.

Ce malheureux Père , inftruit de l'égarement de fa Fille , l'obferva de près , & reconnut que tout ce qu'il avoit apris de Dubreuil n'êtoit que trop veritable. Mais il comprit en même tems combien il feroit dificile de la faire changer. Il en informa la Duchefle fon Epoufe , qui déja s'en êtoit aperçue. Les fages remontrances de cette Mère tendre n'avoient encore rien gagné fur le Cœur de fa Fille : mais dans l'efpérance de la ramener à fon devoir , & dans la crainte d'afliger fon Epoux , en lui découvrant le fol entêtement d'Iolande , elle avoit cru devoir le lui taire.

Ils furent de diférens avis fur le

parti, qu'ils avoient à prendre.
La Duchesse prétendoit que Dubreuil fut congédié dès l'instant
même. Le Duc, pour contenter sa
curiosité, voulut savoir auparavant jusqu'à quel point sa Fille
étoit capable de se livrer à sa
passion.

Pour y parvenir, dès qu'il fut
rentré dans son apartement, il fit
apeller Dubreuil, & lui commanda de voir Iolande & de lui
demander un entretien secret
dans un endroit, qu'il lui marqua.
Son dessein étoit de s'y cacher,
& d'achever ainsi de s'instruire
par lui-même jusqu'à quel excès
Iolande portoit son égarement.
De pareils ordres alarmèrent Dubreuil. Le Duc s'en aperçut au
trouble, qui se fit voir dans les
ieux de cet Amant ; & lui dit
qu'il vouloit absolument être obéi.
Ce ne fut que jusqu'au lendemain

matin qu'il confentit de diférer à fe fatisfaire. Il prefcrivit l'heure à Dubreuil ; & lui fit promètre qu'il ne feroit, ni ne diroit rien qui pût jeter dans l'efprit d'Iolande aucun foupçon des intentions de fon Père.

Dubreuil ne fut pas pluftôt feul qu'il réfléchit fur les fuites, que pouvoit avoir la démarche, qu'on lui demandoit. Combien fon Cœur n'en fut-il pas épouvanté ! Quelle fâcheufe extrèmité pour un Amant, que de fe voir forcé d'être lui-mème l'inftrument de la perte de ce qu'il aime ! Dubreuil fut cent fois tenté, pour fe dérober à certe néceflité fi cruelle, de fortir fur le champ de la Maifon du Duc, à deffein de n'y mètre jamais le pied. Ce parti lui paroiffoit le plus fage, qu'il put embraffer. Il alloit enfin s'y fixer, quand une crainte lé-

gitime lui fit changer d'avis. Il
apréhenda que le Duc ne prit
fa fuite pour une preuve que la
paffion d'Iolande avoit été plus
loin qu'il ne l'avoit dit. En
éfet quelle raifon auroit-il eue
de fe retirer fecrètement , s'il
n'avoit dit que la vérité. Sans
doute la crainte , que quelqu'un
n'eut découvert fes liaifons avec
Iolande , & n'en inftruifît le Duc,
étoit ce qui l'avoit feul obligé
de prendre les devants , pour
fe mètre par l'étalage d'une vertu feinte , à couvert des éfets
d'un reffentiment , qu'il devoit redouter. Quelle autre caufe pouvoit avoir produit cette démarche , puifqu'au moment qu'on
vouloit par fon moïen favoir à
quói s'en tenir , il fuïoit un éclairciffement , qui pouvoit feul affurer la fidélité de fon raport , &
garantir Iolande des foupçons in-

jurieux , que son égarement donnoit lieu de former contre elle.
Ces réfléxions acablèrent Dubreuil.
Il fut long-tems incertain de ce
qu'il feroit ; mais enfin il se per-
suada que la gloire de son Amante
exigeoit de lui qu'il obéît au Duc.
Je ne sais quelle espérance même
vint l'enhardir. L'amour aime à
se flater. Sur un rien il forme des
projets de félicité pour l'avenir.
Le Duc , en parlant à Dubreuil
êtoit tranquille , & ne paroissoit
agité d'aucun mouvement de colère. Ses ordres même avoient
été mêlés de témoignages d'estime. Il n'en falut pas d'avantage
à Dubreuil , pour lui faire imaginer que l'espèce de trahison ,
qu'on lui commandoit , pouroit
avoir quelque suite heureuse. Il
craignit pourtant de s'abandonner à des espérances chimériques;
& ne laissa pas de s'y livrer. Le

calme rentra dans son Cœur. Il
courut chercher Iolande avec un
air , qui marquoit une forte de
contentement.

Quelle fut la joie de cette tendre Amante , lorsqu'elle vit que
non-seulement il n'étoit pas sorti
de la Maison de son Père , ainsi
qu'il l'en avoit menacé ; mais
encore qu'il s'offroit de lui-même en sa présence , & qu'il l'a-
vertissoit par ses regards qu'il vouloit lui parler. Peu s'en fallut qu'-
elle n'en perdit le peu de raison ,
qui lui restoit. Elle se fût bien-
tôt débarassée de ceux qui l'envi-
ronoient ; & son premier soin, dès
qu'elle fut seule avec Dubreuil , fut
de lui témoigner sa reconnoissance dans les termes les plus passion-
nés. Mais Dubreuil , que la prudence acompagnoit toujours ,
présageant à ce but si tendre quelle seroit la suite de la conversation,
&

& craignant de n'être pas auffi maître de lui-même qu'il l'avoit réfolu , prétexta que le Duc l'a-tendoit à l'heure même dans fon Apartement. Il fe hâta de lui demander pour le lendemain ma-tin un entretien fecret , ainfi qu'il en avoit l'ordre. Il lui fit entré-voir qu'il vouloit prendre avec elle des mefures certaines pour fe voir en liberté dans la fuite ; & fe retira promptement.

La trop crédule Iolande faillit d'expirer de plaifir en aprenant un changement , qu'elle n'aten-doit pas. Elle fe crut au comble de fes vœux. Quoi donc , s'é-cria-t-elle en elle-même dans fon premier tranfport ; Dubreuil n'eft plus ingrat & cruel ! Mon amour enfin l'a défarmé. Je pourai fans crainte en exprimer devant lui toute la force , & toute la ten-dreffe ! Amour je te pardonne tous les maux, que tu m'as fait souffrir jusqu'à cette heure. Le bien, que tu m'ofres, m'en dédommage, & me les fait oublier.

Cette Amante paffionée atendit cet heureux moment avec la plus vive impatience. Elle acufa cent fois la lenteur de l'Aftre, qui nous éclaire. Il lui paroiffoit retarder fa courfe. Elle le prioit amoureufement d'aller fe plonger dans le fein des Mers. Lorfque la nuit eût ramené les ténèbres, elle en fouhaita la fin avec la même impatience. Le jour, à fon gré, ne pouvoit jamais reparoître affés tôt. Elle l'atendoit cependant en fe livrant aux efpérances les plus douces, en fe formant de l'avenir les images les plus agréables. Elle voïoit Dubreuil expier à fes pieds fon ingratitude paffée par l'homage le plus tendre, par l'expreffion la plus animée des fentimens

les plus vifs. Elle voïoit . . . . Qu'eſt-
ce que l'Amour ne voit pas dans
l'avenir ?

A peine l'Aurore fit voir ſes
premiers raïons , qu'Iolande ne s'o-
cupa que du ſoin d'augmenter l'é-
clat de ſes charmes par celui de
ſes ajuſtemens. Sa toilète fut longue & méditée ; & lorſque ſon Miroir l'eût aſſurée plus d'une fois
qu'elle pouvoit paroître ſans crainte aux ïeux de ſon Amant, elle fut
au rendés-vous plus d'une heure
avant celle dont ils étoient convenus. Dubreuil ne s'y rendit qu'a-
près que le Duc , qu'il venoit de
quiter , ſe fut placé dans un endroit , qui le mettoit à portée de
tout voir & de tout entendre , ſans
être découvert.

Là , que ne dit point cette Fille
inconſidérée, pour convaincre Dubreuil de l'excès de ſa tendreſſe?
Ce fut envain qu'à pluſieurs repri-

ſes il tenta de la ramener à la raiſon, en lui repréſentant , avec plus de force encore qu'il n'avoit fait l'autre fois, tout ce qui la devoit engager à triompher d'une Paſſion, qui ne pouvoit que la rendre malheureuſe. Mais cette Amante inſenſée, ſe voïant déchue des flateuſes eſpérances, qu'elle avoit conçues, menaça Dubreuil de s'ôter la vie, & de finir ainſi tout à la fois ſa honte & ſon amour Touché de ſon égarement , & d'autant plus hardi qu'il avoit un témoin de ſa conduite, il ſe crut obligé de la raſſurer par des proteſtations d'un amour éternel & par des promeſſes capables de lui remettre l'eſprit dans une aſiète un peu plus tranquille.

Ce fut alors que le Duc ne pouvant plus réſiſter aux mouvemens de ſa juſte indignation , entra tout à coup dans la Chambre , & jetant ſur Iolande des regards

pleins de colére : » Fille sans pu-
» deur, s'écria-t-il , qu'ai-je en-
» tendu ? Que tes discours sont
» dignes du désordre & de la
» corruption de ton cœur ? Va ,
» je saurai bien en aréter les pro-
» grès. Les murs & les grilles d'un
» Couvent me répondront pour
» toujours de ta retenue ? C'est-là
» que tu pouras à loisir gémir sur
» tes égaremens & sur l'ignomi-
» nie, qu'il ne tenoit pas à toi de
» répandre sur ma famille.

» Et vous , Dubreuil, lui dit-il
» en le radoucissant , vous dont
» la sagesse & la prudence n'ont
» pu contenir dans les bornes du
» Devoir une Fille , qui devoit
» vous y ramener , si vous aviés
» paru vouloir vous en écarter ;
» continués à marcher dans les
» sentiers de la Vertu. Vous trou-
» verés en elle seule un bonheur
» pur & sans remors. Mais ce n'est

» pas affés pour mon cœur recon-
» noiffant, & mon eftime, que vous
» avés meritée toute entiere par vo-
» tre conduite, vous affure dès-à-
» préfent les avantages d'une for-
» tune, dont vous aurés lieu d'être
» fatisfait. Suivés-moi. Le Duc
fortit après avoir prononcé ces
paroles ; & fe retira dans fon
Apartement , le Cœur pénétré de la plus vive afliction.

Iolande avoit été fi confternée
de l'arivée imprévue de fon Père ,
qu'elle en refta long-tems immobile. Elle revint enfin de fa fur-
prife. Combien de triftes réfléxions s'ofrirent alors à fon efprit !
Qu'elle en fut cruellement tour-
mentée ! Elle éprouva tout ce
que la crainte & la confufion
ont de plus défolant & de plus
afreux. Mais rien ne l'acabla tant
que de s'être vue trahie par fon
Amant , lors même qu'elle s'en

croïoit aimée autant qu'elle l'aimoit. Dubreuil avoit pu la facri-
fier à l'efpoir de s'affurer une fortune ! Quelle honte pour elle d'a-
voir fi long-tems foupiré pour qui
le méritoit fi peu !

Ciel, quel êtoit mon aveuglement s'écria-t-elle, & qu'on a
bien raifon de dire que la Paffion
couvre d'un voile épais les défauts
de ce que l'on aime ! Dubreuil
n'eft qu'un fourbe. S'il me jure
qu'il m'adore, c'eft pour me livrer à tout le reffentiment d'un
Pere, que j'ofenfe. Ah ! ce qui
fait ma plus grande peine, ce
n'eft pas la crainte des éfets de
fa colère. Je ne les ai que trop
mérités, Monftre, qui caufes
tous mes maux ; puifque j'ai pu
m'avilir jufqu'à t'aimer. Hé ! quel
tems choifis-tu, Malheureux, pour
m'affaffiner par la plus noire des
trahifons ? Celui même, où me

flatant d'avoir enfin touché ton
Cœur , où me livrant fans re-
ferve au plaifir de t'aimer , j'é-
tois prête à t'immoler mon nom ,
mon rang , ma fortune , ce que
je dois à mes Parens , à moi-mê-
même , tout enfin, excepté l'honneur. Que dis-je , & que fais - je
où ma fureur m'auroit conduite?
Ciel ! je tremble à la vue de toute ma foiblesse. Je ne l'avois pas
connue jufqu'à préfent. Je m'é-
tois repofée fur l'innocence de
mes vues. Mais je ne fens que
trop en ce moment , que c'eft
un bonheur pour moi qu e l'Ingrat
n'ait pas voulu jouir de toute fa
victoire. Pour qui donc étois - je
prête d'oublier tous mes devoirs ?
Pour une Ame baffe & lâche ,
qu'un vil intérêt guide. Pour un
fcélérat , qui n'a feint de m'aimer
que pour me perdre ; à qui je n'ai
même pu infpirer aucun fentimens

ment de pitié , ni de reconnoiffance. Et c'eft pour lui , c'eft
par lui que je viens de perdre
l'eftime & la tendreffe de mon
Père ; & d'enfoncer le poignard
dans le fein d'une Mère , qui
m'adore! C'eft pour lui , c'eft
par lui que je vais effuier un
traitement , qui me couvrira d'un
deshonneur éternel ! Et je l'ai-
merois encore ! Non , non. Il le
faut haïr. Il faut le détefter. Je le
dois. Je le veux.

Ce fut à cette réfolution que
la trifte Iolande s'arêta. Ce fut
avec le deffein de l'exécuter qu'elle fe retira dans fon Cabinet.
Mais bien-tôt fucombant à la
violence des divers mouvemens,
qui l'agitoient, elle fut obligée de
fe mètre au lit. La fièvre ne tarda pas à fe déclarer , & ne fit
qu'augmenter continuellement.
La Ducheffe , que le Duc avoit

inftruite de ce qui s'êtoit paffé ,
n'en fut pas moins ontrée de colère que lui. Plus elle aimoit fa
Fille , plus elle fentoit vivement
le tort , qu'Iolande s'êtoit fait.
Elle acourut à fon Appartement
pour l'acabler de reproches , &
la préparer à fuporter du moins
avec conftance le fort , que fon
Père lui préparoit. Mais que de-
vint-elle en voïant l'état de fa
Fille? Sa colère s'évanóuit à l'inftant. Elle ne put que mêler fes
larmes à celles de cette Fille fi
chère. Elle la plaignit. Elle par-
tagea toutes fes douleurs. Elle
l'exhorta de la manière la plus
tendre & la plus perfuafive à fe
défaire d'une Paffion , qui leur
cauferoit la mort à toutes deux.
Enfin elle n'oublia rien de ce qui
pouvoit ramener le calme dans
le Cœur de cette Amante infortunée. Iolande pénétrée des bon-

rés de sa Mère , dont elle ne se
croioit plus digne , lui protesta
qu'elle vouloit les mériter , en
étoufant un malheureux Amour,
dont jusqu'alors elle n'avoit pas
connu tous les dangers. La Duchef-
se , après l'avoir conjurée de se
tranquilifer , la quita pour passer
chés le Duc , qu'elle vouloit informer de l'état & des résolu-
tions de sa Fille. Il fut alarmé de
l'un & parut satisfait des autres;
mais il ne relacha rien du dessein,
qu'il avoit pris de la renfermer
dans un Convent. Il recommanda seulement à la Duchesse
de prendre tous les soins possibles
de la santé d'Iolande. Sa faute
ne la lui rendoit pas moins chère. La sévérité , qu'il faisoit paroître , venoit plustôt de l'excès de
la tendresse, que de l'ofence faite à son autorité. Quelques jours
se passèrent sans que l'on vit au-

cun amendement à la maladie
d'Iolande. La Duchesse ne la qui-
toit presque pas. Elle lui prodi-
guoit sans cesse des conseils de
Mère & d'Amie, pour l'aider à
triompher d'elle-même plus aisément. Iolande l'assuroit, & peut-
être le croïoit-elle ainsi, que son
cœur étoit plus tranquille, & qu'elle sentoit sa passion diminuer de
plus en plus.

Dubreuil n'étoit pas cependant
dans une situation meilleure que
celle d'Iolande. La colère du Duc,
que rien ne paroissoit pouvoir apai-
ser, avoit anéanti les espérances,
dont il s'étoit flaté. Tous les maux,
qu'il se reprochoit d'avoir causés
à son Amante, & la crainte d'a-
voir encouru sa haine, qu'il sentoit bien qu'il n'avoit que trop
meritée, le plongèrent dans le
plus noir chagrin. Il se soutint
d'abord avec assés de constance;

mais bien-tôt il lui fallut plier fous les poids, qui l'acabloit. Il fut faifi d'une fièvre, dont la violence l'obligea de garder le lit. Iolande en fut informée par hafard; & fur le champ elle fentit combien elle étoit loin encore d'être la Maîtreffe de fon cœur,

Dubreuil n'étoit plus ce monftre odieux, qui s'étoit porté par des vues baffes à la trahir. C'étoit un Amant généreux, qui s'étoit immolé lui-même aux véritables intérêts de la Perfonne aimée. Qu'on juge de l'éfet qu'une idée fi confolante dût produire fur le Cœur de l'Amante la plus tendre. Sa paffion reprit toutes fa force, & fa fièvre s'acrut avec elle. La Ducheffe fut éfraïée de la voir plus agitée que jamais. Elle s'atendrit, & lui demanda, les larmes aux ïeux, la caufe d'un changement, auquel elle ne s'étoit pas atendue. Iolande crut devoir ne lui rien déguiser. Elle lui peignit son amour avec des couleurs si fortes, elle fit si bien valoir le sacrifice de Dubreuil & les éfets, qu'il avoit produit sur lui, que la Duchesse, ne pouvant resister à tant de raisons de travailler au bonheur de sa Fille, lui promit, en l'embrassant, de faire tous ses éforts, pour calmer la colère du Duc & pour le porter à lui donner Dubreuil pour Epoux.

Iolande, concevant à cette promesse les espérances les plus douces, passa rapidement d'un excès de tristesse & d'abatement au comble de la joie. Elle remercia sa Mère dans les termes les plus vifs. Elle l'assura qu'elle lui seroit une seconde fois redevable de la vie ; & que les jours, que son extrême bonté vouloit lui conserver, feroient tous emploïés à lui mar-

quer fon refpect & fon atachement.

La Duchesse la quita pour aller de ce pas même aquiter fa
parole. Mais dès qu'Iolande fut
feule , elle fentit fon contentement
alteré par des craintes & des inquiétudes. Elle n'ofoit fe promètre que fon Père voulut fe rendre
aux prières de la Duchesse. Quelle
aparence en éfet , qu'un Homme ,
revêtu des plus hautes Dignités de
l'Etat , voulut donner à fa Fille
un fimple Gentilhomme , deftitué
de tous les avantages de la fortune ? l'Ambition , qui fut toujours la Paffion favorite des Grands,
leur fait chercher pour leurs Enfans les établiffemens les plus confidérables. Il faut que les Alian-
ces , qu'ils conrractent , fervent
à l'augmentation de leur fortune
ou du moins à la foutenir. Que
favoit-elle fi fon Père n'étoit pas

prévenu des maximes ordinaires
à ceux de son rang. Les réfléxions, que ces idées lui fournissoient
n'étoient guères propres à nourir
ses espérances.

Aussi lorsque la Duchesse parla de cette Aliance à son Epoux,
il rejèta bien loin une semblable
proposition. Il s'en ofensa même.
Il lui représenta tout ce que l'honneur & la gloire lui purent sug-
gerer de motifs pour lui faire
oublier un dessein, qui leur paroissoit si fort opolé. La Duchesse,
en habile Femme, ne voulut pas
pousser plus loin cette tentative.
La connoissance, qu'elle avoit du
caractère & de l'esprit de son
Mari, l'empêcha de heurter de
front ses sentimens. Elle entretint
cependant Iolande dans l'espérance, dont elle l'avoit flatée. Elle lui recommanda de ne songer
qu'au rétablissement de sa santé ;

d'avoir foin d'écarter toutes les
idées, qui la pouroient affliger,
& de ne point s'arêter à celles
qu'un premier refus de la part
de fon Père lui pouvoit donner.

Quelques jours après elle remit
l'afaire fur le tapis. Elle fit faire
atention au Duc fur l'ancienneté
de la Maifon de Dubreuil, fur
les richeffes, & les honneurs, dont
fes Ancêtres avoient été comblés.
Elle le fit reffouvenir que cette
Maifon ne le cédoit en rien à la
leur. Elle s'étendit fur le mérite
& les bonnes qualités de ce jeune
Gentilhomme, digne par fes vertus d'une meilleure fortune. Elle
lui dit qu'il ne tenoit qu'à lui de
réparer l'injuftice du fort ; qu'il
falloit laiffer aux Ames vulgaires
les idées comunes ; qu'un Cœur
généreux & bien placé devoit
penfer autrement & fe conduire

fur d'autres principes ; que rien
n'êtoit plus digne de lui que de
remètre dans fon premier éclat
une Maifon tombée dans l'abaiffe-
ment par une foule de difgraces,
qu'elle n'avoit point meritées ;
que Dubreuil êtoit digne de
cette faveur par fon refpect pour
eux , par fon atachement à leurs
intérêts , & par les fervices qu'il
leur avoit rendus ; qu'il ne lui
manquoit qu'un rang diftingué
pour faire briller aux ïeux de toute
la France fon courage & fes
grandes qualités ; que les marques
qu'il avoit données de fa modération à l'égard de leur Fille , à
laquelle on pouvoit dire qu'il
avoit confervé l'honneur , méritoient qu'il la lui donnât comme une recompenfe de fa vertu ,
qui devoit paffer pour être dau-
tant plus heroïque, qu'il êtoit
prévenu pour Iolande d'une plus
ardente pafion.

Sa reconnoiſſance, pourſuivit
la Ducheſſe, pour une faveur,
qu'il a ſi peu de lieu deſpérer,
doit vous répondre du bonheur
conſtant d'une Fille, que vous
cheriſſés encore malgré ſon égarement. Quelle douce ſatisfaction
pour un bon Père, que celle de
pouvoir aſſurer ainſi la félicité de
ſes Enfans ! Il eſt vrai qu'Iolande s'eſt en quelque ſorte rendue
indigne de vos bontés ; vous pouvés ſans injuſtice la punir d'un
engagement de Cœur, que vous
êtes en droit de condamner ;
mais ſongés qu'au fonds ces
ſortes de fautes ſont involontai-
res ; & qu'il vous ſera plus glorieux de lui faire éprouver l'indulgence d'un Père tendre, que
la ſévérité d'un Juge infléxible.
En la confinant dans un Cloître
ſans vocation, vous condamnés
ſes ïeux à des pleurs intariſſables;

vous livrés fon cœur au defefpoir le plus afreux ; vous l'en-
levés à mon amour, à votre tendreffe , & nous la perdons l'un
& l'autre pour jamais. Quel reproche n'aurés-vous pas à vous
faire d'avoir caufé par votre rigueur la ruine & les malheurs
de votre propre fang ?

L'amour & la confidération ,
que le Duc avoit pour la Femme ; l'eftime & l'amitié , dont il
étoit prévenu pour Dubreuil ; la
tendreffe , qui fe reveilla dans
le fond de fon cœur pour Iolande , toute crimineile qu'elle lui
paroiffoit : tout lui parla fortement
en faveur de ces deux Amans.
Il ne put réfifter davantage à la
voix de la Nature , qui le foli-
citoit en faveur de fa Fille. Dans
un moment elle triompha de fes
répugnances ; & toutes fes idées
de grandeur & d'ambition s'éva-

nouirent. Mais ce qui le déter-
mina principalement à faire à
Dubreuil l'honneur de le recevoir
dans son aliance , fut la sagesse
de cet Amant. Dubreuil jeune ,
bien fait , amoureux , adoré d'u-
ne des plus belles Filles du Monde , & Dubreuil plus ocupé de la
gloire de sa Maîtresse, que du soin
de satisfaire sa passion , lui parut
un Phénomène qui méritoit de fixer ses regards & son admiration.
Digne efet d'un e Vertu rare, qui
fait captiver les Cœurs , & faire
revenir tout à coup les Esprits de
leurs preventions !

Le Duc répondit donc à la
Duchesse, qu'il ne s'oposoit plus
à l'aliance , qu'elle lui proposoit.
Comme alors Iolande & Dubreuil
commençoient à ne plus garder
la Chambre , on les fit venir aussi-tôt l'un & l'autre. Le bonheur
inesperé, qu'on leur annonçoit, eut

d'abord quelque peine à trouver croïance dans leurs esprits. Dubreuil sur-tout, qu'Iolande n'avoit point revu depuis le fatal entretien, qui leur avoit causé tant de maux ; & que, pour se conformer aux intentions de la Duchesse, elle n'avoit point instruit des bontés & des projets de sa Mère ; Dubreuil ne pouvoit revenir de son étonement. Ils se jetèrent l'un & l'autre aux pieds du Duc & de la Duchesse, & leur exprimèrent tour à tour les sentimens de leur reconnoissance avec tant de vivacité, qu'ils leur firent verser des larmes en abondance. A l'instant même le Duc écrivit au Roi, pour le suplier de donner son consentement à ce Mariage, & d'agréer en même tems la démission de son Régiment en faveur de Dubreuil. Ce Prince, dont la clemence &

la bonté compofoient l'aimable caractère, acorda tout ce que le Duc lui demandoit, quoique bien informé que la Famille de Dubreuil avoit été dans des interêts contraires aux fiens. Ce fut à la tête de ce Regiment, que Dubreuil juftifia dans la fuite le jugement avantageux que la Duchesse, avoit formé de son courage & de fes autres belles qualités.

Cependant on fit les préparatifs pour la folemnité des Nôces de nos Amans. Tout y fut brillant & magnifique, & les gens éclairés & fages, qui connoiffoient le mérite de Dubreuil, aplaudirent hautement au choix du Duc. Le jeune & vertueux Gentilhomme devenu poffeffeur de la belle Iolande, regarda pendant quelque-tems fon bonheur, comme un fonge, mais fon aimable Epoufe, continuant toujours à le com-

bler des témoignages d'un amour
inaltérable , il trouva dans fa poffeffion un bonheur réel & folide.
Elle n'avoit aimé que cet Amant ,
elle n'aima que fon Epoux , &
toute la fuite de fa vie fut la pleine juftification de fa vertu , que
les emportemens de fa paffion
avoient donné lieu de foupçonner.

Fin de la premiere Partie.

LES AMOURS
TRAVERSÉS
HISTOIRES INTERESSANTES

*Dans lesquelles la Vertu ne brille
pas moins que la Galanterie.*

·SECONDE PARTIE.

A LA HAIE
Chez ┃ JEAN NEAULME.

M DCC XLI.

L'ERREUR
FUNESTE.

PREMIERE HISTOIRE.

L'Homme le plus sage n'est pas toujours à l'abri des soupçons, que la Jalousie inspire. Malheur à qui s'y livre ! Cette Passion est une des plus dangereuses maladies de l'Esprit. Elle produit presque toujours de funestes éfers. Aussi furieuse qu'aveugle, elle dérange la raison de quiconque lui laisse prendre trop d'empire sur son cœur. Dans les accès de son délire , l'on prend l'Ombre pour le Corps , le Mensonge pour la Vérité, les aparences du crime pour le crime même : on s'abandonne à des transports , dont les suites ne manquent jamais d'enfanter les remords les plus cruels. Trop heureux encore , quand on n'est pas soi-même entrainé dans l'abime , où l'on cherche à précipiter les malheureuses victimes de l'erreur , dont on est séduit !

Un Gentilhomme de Franche-Comté , que j'apellerai du nom de Manneville , & qu'un Procès considérable , avoit retenu long-tems à Dijon s'en retournoit chés lui. Sa Maison êtoit située sur les bords de cette Rivière (a) dont les eaux tranquiles arosent trois belles Provinces , & répandent partout

_____

(a) La Saone.

dans leur cours , les richeffes & l'abondance. On étoit alors dans les grands jours ; & les chaleurs exceffives rendoient la fraicheur du foir plus délicieufe.

Le Soleil, après avoir fourni fa carière , alloit faire place aux ombres de la Nuit , lorfque Manneville qui n'êtoit plus éloigné de fon Château que d'une lieue, s'aperçut que fes Domeftiques ne le fûivoient pas. Plus altérés que leur Maître, ils s'êtoint arêtés dans une Hotellerie pour s'y rafraichir.

Manneville , arivé feul fur le bord de la Saône , avoit pris le parti d'atendre fes gens pour la paffer avec eux, lorfqu'un jeune Homme d'une phifionomie charmante prit avec empreffement la bride de fon Cheval pour l'aider à décendre. Cette action polie prévint Manneville en fa faveur ; il fentit naître dans fon cœur

pour ce jeune Homme des fentimens d'une douce afection ; &
dans le deſſein de ne les pas bor-
ner à de ſtériles témoignages de
bienveillance , il lui demanda fon
nom. Dautrive , c'eſt ainſi que le
jeune Homme fe nomma , lui répondit qu'il étoit de Lion ; &
que , n'eſperant aucun ſecours
de ſa Famille , il alloit trouver
un de ſes Oncles , qui faiſoit ſa
réſidence à Grai. Je vérai , dit-il
enſuite en répandant quelques
larmes , qui touchèrent Manneville , s'il aura pitié de mes malheurs , ou ſi du moins il voudra
me procurer une Condition , où
je puiſſe vivre en honnête homme.
Si le Ciel eut conſervé mon Père
qui paſſoit pour un Marchand
fort à ſon aiſe , je ne ſerois pas
réduit à la cruelle néceſſité d'aller, hors de chés moi , chercher
à prendre un parti , dont j'aurois

trop à rougir aux ïeux dé mes Compatriotes, On ne connoit pour l'ordinaire la fortune d'un Marchand qu'après fa mort. Tant que mon Père a vêcu , l'on croïoit fes afaires dans le meilleur êtat. Son crédit êtoit établi dans tout le Roiaume & chés l'Etranger. La mort ne l'eut pas pluftôt enlevé , que la bonne opinion , qu'on avoit de fes richeffes , s'évanouit. Ses dètes fe trouvèrent excéder fes facultés ; enforte qu'après avoir êté dépouillé de tout par fes Créanciers , il ne me refte que la plus trifte de toutes les reffources.

Ses larmes , en achevant ces mots, redoublèrent ; & Maneville de plus en plus atendri , réfolut à l'inftant de le retenir à fon fervice. Mon ami , lui dit-il avec bonté , je juge à votre air délicat que vous n'êtes pas né pour

un fervice pénible. Si vous voulés me fuivre , je tâcherai de
vous faire éprouver dans ma Maifon un fort tranquile. Je ne vous
demande que du zèle & de la
fidélité.

Dautrive accepta cette ofre avec
empreffement ; & remercia Manneville avec un air fi noble , qu'il
en fut extrèmement fatisfait. Las
d'atendre fes Valets , il entra
dans le Bâteau de paffage avec
le jeune Homme. Dautrive êtoit
affés proprement mis. Il portoit
fur fes épaules un Sac de cuir ,
dont il paroiffoit furchargé. Manneville, s'en êtant aperçu, le fit atacher dérière fon Cheval. Après
qu'ils furent fortis de la Barque ,
ils prirent le chemin du Château
de Manneville. Dautrive , fatigué
de la route , qu'il avoit faite ,
ne pouvoit marcher bien vîte ,
mais fon courage fembloit vaincre.

fa

fa foibleffe , & aurant le chemin
il entretint fon nouveau Maître
avec tant d'efprit que le tems lui
parut fort court.

Lorfqu'ils furent arivés , Madame , dit Manneville à fa Femme , je vous amène un nouvel
hôte , que je deftine au fervice
de votre Fils. J'efpère que vous
ferés fatisfaite de fon atention &
de fes foins. Dautrive aïant fait
en même tems une profonde révérence , cette Dame le regarda
d'un œil de complaifance. Char-
mée de fa bonne mine , & des
graces répandues fur toute fa Perfone , elle lui fit un acueil très
gracieux ; & remercia fon Mari
du préfent , qu'il faifoit à fon
Fils. Dautrive lui rendit graces
des bontés, dont elle l'honoroit ,
& l'affura de fa parfaite foumiffion
& de l'atachement particulier ,
qu'il auroit pour fon Fils.

I I. Partie.   B

Cet Enfant n'avoit pas encore dix ans , & le Curé du lieu qui se trouvoit être un Homme de Lètres, s'êtoit chargé de l'instruire. Dautrive , en prenant soin de la persone de son jeune Maître , crut devoir travailler en même tems à faire germer dans son cœur des semences de Vertu. La manière , dont il s'y prît , avoit tant de douceur & marquoit un zèle si vif , que d'une part l'Enfant enchanté de son Domestique, ne pouvoit être un moment sans lui , de l'autre rien n'égaloit la satisfaction du Père & de la Mère. Dautrive d'ailleurs se comportoit dans leur Maison avec tant de sagesse & de circonspection , qu'il se concilia bien-tôt l'estime de tout le monde. Les autres Domestiques l'honoroient , autant qu'ils le chérissoient , & se disputoient à l'envi l'avantage de lui rendre quelques fervices. Aulli rien n'êtoit fi modefte que lui , rien de plus prévenant & de plus doux à leur égard.

Dautrive poffédoit en éfet tou- tes les qualités aimables , qui ne manquent jamais de triompher des Cœurs mêmes les plus groffiers & les plus fauvages ; & ces qualités fe trouvoient foutenues chés lui de mille charmes féduifans , qui bril- loient fur fon vifage & jufques dans fes moindres actions. Il avoit le teint auffi beau que celui d'une Fille. Ses traits êtoient admirables. Il portoit de grands cheveux blonds d'une beauté parfaite. Mais, hélas ! que les graces de Dautrive faillirent à lui devenir funeftes ! La beauté dans tous les Hommes eft un préfent de la Nature. Elle fait naître l'admiration , furprend les fufrages , gagne les Cœurs. Mais fouvent elle précipite dans les

plus grands dangers ; & quand
on n'eſt pas ſufiſament en garde
contre ſoi-même , ſa douce illu-
ſion , après avoir abuſé les ſens
corrompt ordinairement le cœur.

Madame de Manneville en fit
l'expérience à ſes dépens. Aulieu
d'opoſer la retenue & la modération aux charmes de Dautrive ,
elle ſe livra toute entière au feu ,
qu'ils allumèrent dans ſon Cœur.
L'honneur à la vérité combatit
quelque-tems contre l'amour. Mais
que ce combat , eſt inégal dans
un Cœur foible , & qui lui-même
aide à ſa défaite.

La Paſſion l'emporta ſur la Raiſon. Tous les éforts de Madame
de Manneville furent vains , quand
elle voulut reſiſter. Il n'êtoit plus
tems. Elle ne s'êtoit pas opoſée d'a-
bord au progrès du poiſon , qu'elle avoit pris par les ïeux. Ce n'eſt
qu'en fuïant la préſence d'un Ob-

jet dangereux , qu'on péut en triompher. Madame de Manneville , fous prétexte de voir fon Fils, ne pouvoit vivre un moment fans entretenir Dautrive , & fans lui donner quelques marques de l'ardeur , qu'elle reffentoit pour lui.

Il les prit dans les commencemens pour de fimples témoignages de bienveillance ; mais il fut bientôt détrompé. Lorfqu'il ne lui fut plus permis fans ftupidité de douter de la paffion de cette Dame, il la combatit autant qu'il fut en fon pouvoir par les armes de la modeftie & de la retenue.

Elle comprit par là qu'elle perdoit bien du tems , & que pour réuffir il falloit néceffairement qu'elle parlât. Cette démarche hardie devoit humilier infiniment une Femme , qui jufqu'alors n'avoit pas eu la plus légère foibleffe. Elle ne put d'abord s'y déterminer Cette action lui parut contraire à la bienséance. Sa pudeur s'en alarma. Dans son aveuglement, elle aima mieux prendre un autre parti, qui ne valoit pas mieux. Ce fut de se reposer sur une autre du soin de faire connoître sa passion. Elle jeta les ieux sur une de ses Femmes, nommée Berville, à qui depuis long-tems elle avoit donné toute sa confiance, & sur l'atachement de laquelle elle croïoit devoir comter. Elle ne laissa pas d'éprouver de la crainte & de la confusion lorsqu'il fallut l'entretenir du mal, dont elle étoit ateinte. Un secret de la nature de celui de Madame Manneville coute infiniment à révéler. Il humilie trop l'Amour-propre. Mais quand la Passion tiranise, il faut bien parler, ou se résoudre à soufrir mille tourmens, dont l'incertitude n'eſt pas le moindre. Madame de Manneville parla donc, & fit à Berville une funeſte confidence, qui devint la ſource de ſes malheurs.

Cette Fille fut également ſurpriſe & troublée de ce qu'elle aprenoit. Elle ſe remit néanmoins ſur le champ, & ſut ſi bien ſe déguiſer aux ïeux de ſa Maitreſſe, que celle-ci ne s'aperçut pas qu'elle avoit eu l'imprudence de confier ſon ſecret à ſa Rivale.

En éfet Berville n'avoit pu défendre ſon cœur des charmes de Dautrive; & depuis long-tems elle avoit déclaré l'ardeur, qu'elle reſſentoit. Mais elle n'en étoit pas plus heureuſe. Dautrive loin d'avoir flaté ſon amour de quelque eſpérance, ne s'étoit pas contenté de paroitre inſenſible; il l'avoit même rebutée.

La connoiſſance de la paſſion

de Madame de Manneville augmenta le chagrin , qu'elle avoit
de n'être pas aimée ; & loin d'é-
teindre sa flâme , elle ne servit
qu'à la rendre plus vive. Ainsi
quoiqu'elle fut bien éloignée de
parler en faveur de sa Maîtresse ,
elle lui promit cependant d'emploïer son zèle & ses soins pour
la rendre heureuse. Mais elle songea sérieusement à mètre à pro-
fit pour elle-même la découverte ,
qu'elle venoit de faire. L'espérance
de toucher le cœur de Dautrive,
se réveilla dans le sien, ou du moins
elle se flata qu'après l'avoir instruit
de la passion de Madame de Manneville , il n'auroit plus tant de rigueur pour elle par la nécessité, qui
le forceroit de la ménager. Son
vrai dessein pourtant fut de faire
tous ses éforts pour l'empêcher de
répondre aux vœux de sa Maîtresse.

Elle parla donc à Dautrive auſſi-tôt qu'elle en put trouver l'ocaſion. Elle ne manqua pas de lui faire valoir la violence, qu'elle ſe faiſoit en obéiſſant à Madame de Mannèville. Elle ſut en même-tems lui faire enviſager les dangers, auſquels il s'expoſeroit, en ſe prêtant aux déſirs de la Femme de ſon bienfaiĉteur. Elle lui peignit enſuite ſon propre amour avec les couleurs les plus vives. Elle inſiſta ſur l'étrange diférence, qui ſe trouve entre les plaiſirs tranquiles d'une union légitime, ſeul but auquel elle aſpiroit, & les inquiétudes inſéparables d'une liaiſon formée par le crime. Elle le tenta même du côté de l'intérêt, en exagérant ſa fortune. Enfin elle n'oublia rien pour gagner ſon cœur, & ſurtout pour le détourner de tout autre atachement.

Dautrive plaignit en lui-même
le fort de ces deux Femmes, qui
le perfécutoient très inutilement.
Il ne voulut écouter ni l'une, ni
l'autre. Il pria Berville de le laisser
en repos. Cette Fille eut moins
de dépit de voir fes vœux dé-
daignés, quand elle vit qu'on ne
recevoit pas mieux ceux d'une
Femme jeune, riche, aimable.
Elle rendit comte à fa Maîtresse de fa négociation, & lui
fit acroire ce qu'elle voulut de fon
zèle & de fa fidélité.

Quelle douleur pour Madame
de Manneville d'aprendre le mauvais fuccès de fa Confidente ! Elle
ne voioit pas qu'elle dût rien atendre de la complaifance de Dautrive. Que d'éforts ne fit-elle pas
pour aracher de fon cœur le trait
cruel, qui le déchiroit ! Mais à
la première vue de Dautrive tous
fes projets fe diffipèrent, & fes

feux fe ralumèrent avec plus de violence. Un atrait fecret , & puiffant la conduifoit fans - ceffe dans la Chambre de fon Fils ; mais la tendreffe , qu'elle avoit pour lui , n'êtoit que le prétexte de fes vifites. L'infenfible Dautrive en êtoit le principal & même l'unique objet. Elle s'enivroit à longs traits du dangereux plaifir de le voir & de l'entretenir.

`Hélas ! Que ce plaifir lui coutoit chèr , quand elle réfléchiffoit à la dureté de l'Ingrat ! Laffe enfin de fouffrir des tourmens , dont elle n'entrevoïoit pas la fin , elle réfolut de rompre elle-même un filence , qui la tuoit ; & de tout tenter pour fléchir Dautrive. Quand elle eut formé ce projet , elle fe rendit un jour à l'Apartement de fon Fils. Lorfqu'elle fut prête d'entrer , une crainte fubite glaça tout fon fang, Timide & mal assurée , elle retourna sur ses pas. Le moment d'ensuite elle fut ramenée par l'espérance. Enfin après un flux & reflux , qui dura long-tems , elle entra , mais dans un état à faire pitié.

Dautrive étoit seul & lisoit. Il n'eut pas plustôt remarqué la contenance & l'embaras de Madame de Manneville, que le Livre , qu'il tenoit , lui tomba des mains. Son trouble ne le céda point à celui de cette Dame. Il connut tout le péril , qu'il couroit. Elle prit un siége , & s'assit auprès de lui. Ses ïeux étoient baignés de pleurs ; & de tems en tems elle faisoit parler ses soupirs & ses regards.

Enfin rompant ce silence , qui ne parloit déja que trop bien: Dautrive , lui dit-elle , que n'ai-je pas fait jusqu'à ce jour pour vous engager à m'épargner un aveu ,

qui va peut être vous déplaire ,
& qui me couvre moi même de
confusion. Oui ; je connois toute
ma foibleſſe. Le perſonnage dé-
placé , que je fais ici , révolte
ma gloire & ma fierté. Mais je
n'en céde pas moins au pouvoir
de l'Amour. Il n'eſt pas en ma
puiſſance de réſiſter aux charmes,
qui m'ont féduite. N'augmentés
donc pas ma douleur & ma honte,
en me reprochant ma foibleſſe.
Hélas.... Elle n'en put dire davantage. Les ſanglots lui coupè-
rent la parole.

Dautrive ſe voïant ſans témoins
avec une Femme , qui lui tenoit
un langage , qu'il ne pouvoit écouter ſans crime, étoit glacé de crainte. Ses ïeux baiſſés , ſon morne
ſilence , ſa contenance immobile
marquoient le trouble & l'altération
de ſon âme Ils ſembloient anoncer à Madame de Manneville une
réponſe peu favorable.

Elle n'en jugea pas ainfi dans fon aveuglement. Elle crut avoir touché Dautrive ; & reprenant auffi-tot courage , elle effaia de le gagner entièrement par les pro-meffes les plus féduifantes. Mais Dautrive ferme comme un Rocher, que les vagues les plus fortes ne fauroient ébranler , parut infenfible aux prières , & fourd aux ofres. Une réponfe fage & févère alloit être le prix du peu de retenue de cette Dame , lorfqu'il s'apperçut des mouvemens impétueux, que la colère & le dépit alloient faire naître , la fureur étoit prête de fuccéder à l'amour.

Ce n'eft pas fans danger que l'on pouffe à bout une Femme dans un point fi délicat. C'eft une ofenfe , qu'elle ne pardone jamais. Son Orgueil , & fon amour propre y font trop intereffés. Il n'eft point d'extrèmités aufquelles

elle ne se porte pour se vanger
de l'injure, qu'elle croit avoir
reçue. Il est également à craindre, d'humilier les charmes par
de fiers dédains, ou de rebuter
ses feux par des refus outrageans.

Dautrive redoutant le couroux
de Madame de Manneville, ne
jugea pas à propos de la réduire
au désespoir. Quoiqu'il eut bien,
souhaité de ne la pas rendre Maîtresse d'un secret, qu'il eût voulu
se cacher à lui-même ; il comprit
qu'il étoit tems de rompre un
silence, qui pouvoit leur devenir
également funeste à tous deux.
Madame, lui dit-il en rougis-
sant, & lui portant la main
sur son sein, vous me priés d'a-
voir pitié de votre foiblesse ; connoissés la mienne. Je vous désa-
buse à regret de votre erreur. Gué-
rissés vous d'une Passion, qu'il
ne m'est pas possible de contenter.

Qui pouroit exprimer la surprise de Madame de Manneville ,
lorsqu'elle ne put revoquer en
doute le sexe de Dautrive ? Elle
ne peut être comparé qu'à la confusion , dont elle fut pénétrée dans
cet instant. Mais comme elle n'ê-
toit pas vicieuse dans le fonds ,
& qu'elle ne s'êtoit égarée qu'a-
vec peine, cette découverte imprévue ramena tout à coup le calme
dans ses sens. Les transports impétueux d'un amour déréglé firent
place aux témoignages paisibles
d'une afection pure. Elle embrassa
cette aimable Fille , non comme
un vainqueur dangereux , mais
comme une tendre Amie , dans
les bras de laquelle sa vertu ne ris-
quoit plus de faire naufrage. Rendue entièrement à la Raison , elle
vit en frémissant l'abîme , dans
lequel elle avoit été prête de se
précipiter ; & cette connoissance
servit

fervit à rapeler fa fageffe , en lu
faifant détefter les égaremens d'u
ne Paffion criminelle.

A ces fentimens elle joignit
une tendre compaffion pour les
malheurs , qui fans doute avoient
été la caufe du déguifement de
cette belle Fille. Elle fouhaita de
les connoître pour y remédier ,
s'il étoit poffible. Puifque le Ciel,
lui dit-elle , vient de me donner
une Compagne dans l'Amant ,
dont les charmes m'avoient féduite , je lui rendrai d'éternelles
graces de fa bonté. Mais ne pourai-je favoir de vous le fujet d'un
déguifement fi fingulier ? Parlés
avec confiance , & ne craignés
point de répandre votre fecret
dans mon fein. De quelque nature qu'il foit , foïés perfuadée
que je ne le révèlerai jamais. Je
fais plus. Je vous promets tous les
fecours , que vous pouvés aten-

dré d'une Amie sincère, à qui votre honneur & vos intérêts sont devenus infiniment chers.

Je sens, Madame, comme je le dois, répondit Dautrive ; je sens tout le prix des services & de l'amitié, que vous daignés m'ofrir. Mais dispensés môi, je vous en conjure, de vous aprendre l'Histoire de mes peines. Les malheurs sont quelquefois contagieux. La bonté de votre cœur ne vous permètroit pas d'entendre ce récit, sans en être trop touchée. Laissés moi m'en affliger seule. Contentés-vous de la pitié, que vous voulés bien acorder au sort d'une Infortunée, qui vient de remètre le secret de son honneur & de sa vie entre vos mains.

Ce refus ne fit qu'exciter de plus en plus la curiosité de Madame de Manneville. Pourquoi craignés vous si fort, repliqua-

t'elle , de me découvrir la cause
de vos infortunes ? Si j'ignore toujours qui vous êtes , comment
pourai-je seconder le penchant de
mon cœur , & travailler à vous
rétablir dans les avantages , que
vous devés sans doute à votre
naissance ? Car il n'est plus tems
de feindre. Depuis long-tems , plus
je vous examine , & plus mes
ïeux percent avec facilité le nuage
sous lequel vous prétendés vous
cacher. Non vous n'êtes rien moins
que ce que vous voulés paroître;
& la fortune par toutes ses rigueurs
n'a pu vous ravir ces nobles sentimens , qu'il est facile de voir
que vous tenés d'une naissance illustre & d'une éducation peu commune.

Votre indulgence , Madame ,
& les bontés dont vous m'hono-
rés , reprit Dautrive , me prêtent
des qualités que je n'ai pas. Mes

maux feuls font réels ; maïs em
même tems ils font fans reſſource.
La perte , qui les caufe , ne peut
être reparée. Ainſi puiſque ma
miſère doit être conſiderée comme une maladie à laquelle il n'eſt
point de remède ; perdés , Madame , je vous en fuplie , le déſir
inutile , que vous avés de la guérir. Laiſſés couler fous votre protection & dans l'obſcurité ce peu
de jours , qui me reſtent. Hélas !!
Je fens bien que la douleur &
le repentir , ne me laiſſeront pas
furvivre long-tems à mes peines.

Les pleurs , que Dautrive ver-
foit en abondance, en parlant ainſi,
ne fervirent qu'à redoubler le
defir, que Madame de Manneville
avoit de la mieux connoître. Elle
lui fit des careſſes ſi tendres , &
lui dit des choſes ſi preſſantes pour
l'engager à lui raconter fes avantures, que cette aimable Fille ne

put réſiſter davantage. Ce ne fût pas
cependant ſans ſe faire une extrème violence, qu'elle obéit. Après
un petit intervale qu'elle prit pour
eſſuier ſes larmes & donner un
libre cours à ſes ſoupirs, elle commença de cette ſorte le récit,
qu'on exigeoit de ſa complaiſance.

Je ſuis née en Loraine d'un Gentilhomme d'ancienne Nobleſſe &
qui s'apelle Ligneville. Il a pluſieurs Enfans, & je ſuis la ſecon-
de de ſes Filles. Je porte le nom
d'Adélaïde. C'étoit celui de ma
Mère, qui mourut lors que je
n'avois pas encore ſix ans. Cet
âge tendre ne me permit pas de
connoître la grandeur de la perte,
que je venois de faire. Une Fille
en fait une irréparable, quand la
mort la prive de bonne heure
d'une guide ſi néceſſaire. Tel
qu'un foible Navire, expoſé ſans
pilote ſur une Mer fameuſe em

écueils , qu'il est difficile qu'elle échape aux naufrages, dont elle est sans cesse menacée ! Un Père n'est , guère en état par ses ocupations de veiller de près à l'éducation d'une Fille ; & lorsqu'il est obligé de se reposer de ce soin sur une Gouvernante , il est rare qu'il en rencontre une, dont les ieux soient aussi vigilans que ceux d'une Mère. Le mépris , qu'on fait de ces sortes de Persones & de leurs corections , l'amour de la liberté , le goût de l'indépendance , font ordinairement ce qui conduit les jeunes Personnes à s'égarer.

Il est vrai qu'un Père a la ressource de ces Asiles sacrés , où des grilles redoutables semblent lui répondre de l'inocence d'une jeune Fille. Mais l'éducation , qu'on reçoit dans ces lieux , n'est pas toujours à l'abri d'un grand nombre de dangers.

Quoiqu'il en foit mon Père nous remit entre les mains d'une vieille Gouvernante , dont la laideur , les leçons importunes & la mauvaise humeur nous déplurent également. Aussi nous ne tardames pas à fécouer le joug , qu'elle voulut nous impofer , pour nous conduire au gré de nos caprices. Elle avoit beau faire tous fes éforts pour nous rapeler à la Raifon , l'averfion , que nous avions pour elle , nous infpiroit du dégoût pour nos devoirs les plus effentiels.

L'amour nous tendit des piéges aussi-tôt que nous fumes en âge de fentir la pointe de fes traits. Mais je fus la feule, qui m'y laiffai furprendre. Ma Sœur ainée aimoit un jeune Gentilhomme. Elle en étoit aimée. Mais mon Père traverfa cette Paffion , aussi-tôt qu'il s'en aperçut. Pour en prévenir même

les suites, il lui fit époufer un
vieux Financier fort riche, qu'elle
ne peut foufrir.

Toutes les fois que nous nous
trouvions feules, elle ne m'en-
tretenoit que de l'horreur de fon
fort. Elle me faifoit une fi trifte
peinture des peines, qu'elle endu-
roit, que je ne fortois jamais de ces
entretiens fans être entièrement
atendrie. Elle comparoit fon fu-
plice à celui des Enfers même.
Quel peut-être le deftin d'une jeune Femme vis-à-vis d'un Vieillard
foible, languiffant, jaloux, de
mauvaife humeur. La douce harmonie des Cœurs n'eft pas le feul
avantage, qui manque à cette
union.

La malheureufe fituation de ma
Sœur, me frapoit fi fortement,
que je me confirmois tous les jours
de plus en plus, dans la réfolution d'en éviter une femblable,
à

à quelque prix que ce fut. Mais hélas ! en voulant fuir un abîme je me suis précipité dans un autre , & je puis bien dire que si le Mariage de ma Sœur êtoit un Enfer anticipé , les Furies présidèrent au mien, & l'éclairèrent de leurs noires & lugubres flambeaux.

Du Château , jeune Homme qui demeuroit dans notre voisinage , fut celui qui me ravit la liberté. Je m'aperçus bien-tôt qu'il avoit perdu la sienne. Il me lançoit de sa Fenêtre les plus tendres regards ; & loin de les éviter, j'étois la première à les chercher. Je ne vous ferai point ici le portrait de cet Amant. Il me plaisoit , c'est tout dire. Nous nous regardions sans cesse avec cette avidité , cette complaisance , qui sont inséparables des Passions naissantes. Il ne manquoit à la nôtre que l'ocasion de nous en faire un

I I. Partie　　　　　　D

aveu mutuel. Du Château fut enfin la trouver telle qu'il la fouhaitoit depuis long-tems.

Comme il étoit fans ceffe à fa Fenêtre, il me vit un jour fortir feule. J'allois vifiter une de mes Tantes, qui demeuroit affés loin de la Maifon de mon Père. Il vola fur mes pas, & m'aborda dans la Rue avec un air foumis, & refpectueux. Je ne me fouviens plus de tout ce qu'il me dit. Sa préfence me jeta dans une fi grande agitation, que je ne me connoiffois pas moi-même. Tout ce que je fais, c'eft qu'il me tint des difcours fi paffionnés quil n'éut pas de peine à me perfuader ce que je fouhaitois. Il me demanda la permiffion de m'écrire. Je l'acordai fans répugnance.

L'amour nous infpira mille expédients, pour nous faire tenir nos Lètres. Mais nous ne pouvions

guère nous parler ; & lorſque nous
en trouvions l'ocaſion , ce n'êtoit
jamais que pour quelques momens.
L'amour n'y perdit rien. La contrainte en augmente preſque toujours la violence. Nous vécumes de
la ſorte durant deux années avec
une ſi parfaite coreſpondance, que
ſi mon Père me l'eut voulut donner
pour Epoux , rien n'auroit égalé
mon bonneur. Enfin il fit confidence à ſes Parents de ſa Paſſion &
de ſes vues. Ils les aprouvèrent &
me firent demander en Mariage.

La médiocrité de ſa fortune fut
un obſtacle à cette recherche.
Il êtoit d'une naiſſance égale à la
mienne. Mais mon Père , ne le
trouvant pas aſſés riche , refuſa
conſtament de conſentir à notre union.

Rien n'eſt comparable à ce que
deux Cœurs bien unis ſoufrent ,
quand on veut les diviſer. Nos

Parens nous défendirent de penser l'un à l'autre. Nous en tombâmes tous deux malades de chagrin ; mais je ne perdis pas pour cela l'espérance d'être à mon Amant. Je craignois sans cesse un fort pareil à celui de ma Sœur ; & j'étois bien résolue de l'éviter, quand même il m'en auroit dû couter la vie. Aussi-tôt que nous commençames à nous bien porter , nous nous écrivimes pour nous consoler de la rigueur de notre situation. Nos Lètres finissoient toujours par des protestations d'une constance éternelle , malgré l'injustice & la dureté de mon Père.

Ce ne fut pas tant à la sollicitation de du Château , qui se comportoit à mon égard avec toutes sortes de soumission & de retenue, que pour suivre mon propre penchant , que nous nous fimes une

promeſſe réciproque de Mariage.
Nous la ſignames de notre ſang.
Elle fut acompagnée de ſermens
ſi forts , que ſi j'euſſe eu la penſée de les violer , je n'aurois pas
crû le Ciel armé d'aſſés de foudres pour me punir de mon parjure.

Depuis le fatal inſtant , que
nous fumes ainſi liés l'un à l'autre
notre impatience s'acrut avec
notre aveuglement. Fatigués également de la dure contrainte , qui
nous gênoit , nous ne reſpirames
plus qu'après le moment de notre
perte ; & nous ne fumes que
trop ingénieux à trouver les oca-
ſions de nous voir en liberté.

L'union ſenſible du Mariage
n'eſt qu'une ſuite de celle des cœurs
& des Volontés. Vous pouvés bien
juger , Madame, que j'aidai moi-
même à mon malheur ; & que je
ne réſiſtai que foiblement aux em-

D 3

preſſemens d'un Homme, que j'aimois, & que le bandeau, que
j'avois ſur les ieux, ne me permètoit
de voir que comme un Mari légitime. Loin d'enviſager ma ruine prochaine dans des bras che-
ris, je courus m'y précipiter.
Epargnés-moi, Madame, le détail humiliant de mes égaremens.
Le repentir, que j'en conſerve-
rai juſqu'au dernier ſoupir de ma
vie, & les remords, que j'éprouve en ce moment, m'en puniſſent
aſſés.

Nous continuames notre commerce ſecret, bien réſolus de prendre la fuite enſemble, ſi par ha-
ſard dans la ſuite je me trouvois
enceinte, pluſtôt que de nous expoſer à la vengeance de mon Père.
Ce malheur n'ariva point; mais
il s'éleva ſur nous un orage, qui
ne fut pas moins terrible.

Un Gentilhomme de Nanci,

Veuf depuis trente ans , résolut, en me voïant , de s'engager une seconde fois sous les loix de l'Himenée. Hélas ! j'aurois quité volontiers l'Amour d'une semblable conquète. C'êtoit un parti si considerable par les avantages , qu'il me faisoit , que mon Père ne balança pas un instant à m'acorder à sa demande. Ce fut un coup si précipité , que je n'eus le loisir ni de le prévoir , ni de le parer. Mon Père ne m'informa de les desseins sur moi , que pour m'ordonner de me tenir prête à recevoir dans quelques jours ce Gentilhomme pour Epoux. Je restai tellement interdite à cet ordre , que je n'eus pas la force d'y répondre un seul mot.

Qu'eussai-je pu dire à mon Père , pour lui faire changer de résolution ? Je connoissois le caractère infléxible de son humeur ; &

la manière abfolue , dont il m'a-
nonça fes ordres , me fit juger
que je ne ferois que l'irriter en
y réfiftant. Je pris fur lé champ
mon parti. J'avertis du Château
du coup, qui nous menaçoit. Cependant mon Père pris mon filence pour un confentement for-
mel.

· Le lendemain mon Amant plus
que feptuagenaire me vint rendre
vifite. Il étoit paré , comme un
jeune Courtifan ; mais le foin qu'il
avoit pris de déguifer l'éfet des
ans , ne fervoit qu'à le faire mieux
éclater. Une Perruque blonde
& bien arangée déroboit à la vue
fes cheveux blancs ; mais rien ne
pouvoit cacher des ieux éteints ,
& cavés , des joues décharnées ,
un teint jaune & plombé , triftes
fruits d'une Vieilleffe décrépite.

Cette efpèce de Spectre adoni-
fé, capable d'exciter mes ris dans

un autre tems , me fit friffonner
d'horreur. Après les complimens
d'une première entrevue il m'ofrit
fes languiffants fervices d'une voix
tremblante & caffée , & fous l'a-
veu, me dit-il , qu'il en avoit
de mon Père. Mon Père , lui
répondis-je , ne m'a point parlé
de recevoir vos fervices , mais
vos ordres. Il veut que je vous regarde comme un Maître. Eft-ce ainfi ,
Monfieur , qu'on s'y doit prendre
avec une Perfonne libre dans l'afaire
du monde, qui doit l'être davantage ? Je fuis née fa Fille , & non
pas fon Efclave. Mais fans m'a-
rêter à vous montrer combien votre conduite eft injufte , & dés-
obligeante , je vous déclare que
je ne faurois être à vous. J'ai fait
vœu de finir mes jours dans un
Cloitre. Si vous m'aviés fait l'honneur de me demander quelles

étoient mes intentions , ainsi que
la Raison & la Bienséance vous le
prescrivoient , je vous aurois épargné la peine de vous adresser à
mon Père pour lui demander ma
main. Je ne puis vous la donner
sans comètre un sacrilége.

Jamais Homme ne fut plus éton-
né. Que pouvoit-il oposer à cette
déclaration si précise ? Il me fit
des excuses de la manière, dont
il s'êtoit conduit. Il la rejeta sur
la violence de son amour, & sur
l'impatience, qu'il avoit eue de me
posseder. Enfin il me débita d'un
ton plus que ridicule une longue
suite d'impertinences amoureuses,
qui lassèrent ma patience. Je le
priai de me laisser en repos ; &
l'assurai que je ne changerois pas
de sentiment. Il voulut me prouver qu'une Dispense pouvoit m'a-
franchir de mon vœu. Je lui ré-
pondis simplement que je n'êtois

pas fort éclairée fur une pareille matière ; mais que j'en favois af-fés pour lui pouvoir aprendre , qu'une Difpenfe fupofoit toujours qu'on avoit eu d'importantes rai-fons pour la demander ; que je n'en avois aucune pour fouhaiter la révocation d'une promeffe , que j'avois faire fans nulle contrainte & que j'en voïois mille pour me difpenfer de l'époufer.

Ces dernières paroles furent un coup de foudre , qui mit fin à notre dialogue. Il me quita fans repliquer davantage , pour aller rendre comte à mon Père de la réponfe, que ie lui venois de faire ; & de la manière , dont j'avois reçu fa propofition. Mon Père acourut tout en colère à ma Chambre. Il ne m'épargna ni les inju-res , ni les menaces. Il crut d'a-bord que le dépit , que j'avois con-çu de l'afaire de du Château , m'a-

voit contrainte à faire un vœu
fans réfléxion. Il me foutint que ma
promeffe êtoit téméraire & frivole,
& que je n'avois pû la faire fans
fon confentement exprès. Il ne
manqua pas de Docteurs, qui fla-
tèrent par leurs avis l'envie, qu'il
avoit d'avoir un Homme riche
pour Gendre. Ainfi ce vieux Gentilhomme , que je n'avois pû rebuter par mes refus, n'en aïant pas
moins de paffion d'unir fa defti-
née à la mienne , leurs mefures
furent bien-tôt prifes. Déja la Difpenfe du vœu , que j'avois feint,
êtoit arivée. Les articles du Mariage êtoient fignés. On travail-
loit aux aprêts de mes Nôces.

Je favois tout, & n'ofois m'o-
pofer à rien. Comment m'y fe-
rois-je prife pour faire changer
de fentiment au Père le plus ab-
folu dans fes volontés , & qui ne
s'embaraffoit pas de la fatisfac-

tíon particulière de ſes Enfans ,
pourvu que ſa vanité fut ſatisfaite
par l'éclat d'une riche Aliance?
Il avoit pour maxime que la me-
ſure du bonheur êtoit celle de l'o-
pulence. Erreur aſſés générale ,
mais dont les diſcours de ma Sœur
m'avoient bien déſabuſée. Pour
moi, j'êtois convaincue qu'une jeune Femme , qui veut prendre la
Vertu pour guide , ne peut jamais être entièrement ſatisfaite
par le luxe , le faſte , & les com-
modités que les richeſſes procu-
rent.

·Mon Père , me voïant tranquile en aparence , comtoit ſur
ma ſoumiſſion. Il êtoit des momens , où j'êtois tentée d'aller
me jeter à ſes genoux , pour lui
déclarer mon Mariage ſecret. Mais
j'êtois auſſi-tôt retenue par la honte de lui révéler moi-même mes
égaremens , & par la crainte de

m'expofer aux foudres de fa colère. Daïlleurs c'eut été mètre la
vie de du Chateau dans un péril
manifefte,

Le parti., que nous primes ne
valoit pas mieux , quoiqu'il nous
flatât davantage. Ce fut d'abandonner notre Patrie , & d'aller
nous établir dans quelque Province
éloignée. Du Chateau , quoique
jeune , avoit porté les armes fous
un Prince de la Maifon de Lorraine , autrefois Gouverneur de
Bretagne , & mort depuis en Hon-
grie , couroné de Lauriers , qu'il
avoit cueilli fur les Infidèles. Mon
Epoux avoit confervé quelques
Amis dans cette Provìnce. Il ef-
péra que nous y vivrions en fureté. Nous pourions facilement en
cas de pourfuite faire voile en Angleterre; & par-là nous dérober à
la fureur de mon Père.

Après nous être chargés de

tout ce que nous pûmes prendre
de précieux chés nos Parens ; après
avoir déguisé mon Sexe fous les
habits, que vous voïés, Madame;
nous fortimes de Lorraine durant
les ténèbres de la nuit. Nous
nous échapames heureufement fans
être pourfuivis. Nous êtions déja
fur les Limites, qui féparent la
Lorraine des deux Bourgognes,
pour nous rendre enfuite dans le
Bourbonnois, & nous embarquer
fur la Loire pour la Bretagne,
lorfque le Ciel, pour achever de
lancer fur moi les derniers
traits de fa rigueur, permit qu'en
traverfant une Forêt, nous fuffions
ataqués par trois Brigands. Ils percèrent du Château de deux coups,
avant qu'il pût fe mètre en défenfe. Il êtoit brave, il mit auffi-tôt
l'épée à la main ; mais tandis qu'il
fongeoit à fe défaire de celui qui
l'avoit frapé le premier, les deux

autres , pour venger la mort de leur Compagnon , le maſſacrèrent lâchement par derrière.

Je m'ètois écartée un peu par ſon ordre ; & l'aïant vu tomber ſous leurs coups , je n'écoutai que les mouvemens de cette crainte qui naît de l'atachement que nous avons à la vie ; & je m'enfoncai dans l'épaiſſeur de la Forêt. Je m'y cachai ſi bien que quelques éforts , que fiſſent les Brigands , ils ne purent jamais me trouver. J'éprouvois à chaque inſtant les plus vives alarmes. Ils paſſèrent & repaſſèrent cent fois aſſés près de moi , jurant horriblement de m'inmoler à leur barbarie. A la fin fatigués d'une recherche inutile , & voiant que le jour aprochoit , ils ſe retirèrent. Je paſſai le reſte de la nuit dans les plus cruelles agitations. J'entendois ſans ceſſe retentir à mes oreilles

les

les afreux hurlemens & les cris
perçans des Bêtes féroces. Je
m'atendois à leur fervir bien-tôt
de pâture. Quelle fituation ! Mais
mon cœur êtoit encore moins en
proie à la crainte qu'à la douleur.
On n'en meurt point , Madame ,
puifque je ne fuccombai pas à la
mienne.

L'Aurore n'eut pas pluftôt chaf-
fé les ombres de cette horrible
nuit , que je me mis à chercher
avec foin ce que je tremblois de
rencontrer. Hélas ! je trouvai le
corps de mon malheureux Epoux ,
percé de tant de coups , qu'il eft
à croire que la rage de ces In-
humains s'êtoit affouvie jufqu'à le
fraper encore plufieurs fois après
fa mort. Leur camarade êtoit
étendu près de lui , mais ils avoient
entièrement défiguré fon vifage ,
depeur qu'il ne fut reconnu.

Je fus faifie d'un fi grand dé-

fefpoir, que je fus tentée plufieurs
fois de me percer le cœur avec
un couteau, que j'avois fur moi.
La crainte d'une Juftice fuprème
& vengereffe des Crimes retint
mon bras. Après avoir arofé mon
Epoux de mes larmes, & con-
juré le Ciel de lui faire miféri-
corde, je fortis promtement de
ce Bois infame, depeur d'être arêtée comme complice du forfait,
qui venoit de s'y commètre.

Je me trouvai bien-tôt dans le
plus grand embaras du monde. Je
ne favois à quoi me déterminer.
J'êtois fans guide, fans fecours,
fans aucun apui dans une terre
étrangère, où je ne connoiffois
perfonne. Je redoutois fi fort le
couroux de mon Père, que j'aurois pluftôt choifi le plus afreux
genre de mort, que de retourner
dans fa Maifon. Dans cette extrèmité j'invoquai le Ciel avec

ardeur , & m'étant abandonnée
entièrement aux foins de la Pro-
vidence , je pris le premier chemin, qui s'ofrit à moi. Il me conduifit fans aucun danger fur les bords
de la Saône , où ce même Ciel touché de mes peines; & de ma mifère me fit rencontrer Monfieur
de Manneville.

Nous paffâmes cette Rivière.
Il fut touché de ce que je lui dis.
Il ne me fut pas dificile de lui
faire acroire ce que je voulus, &
de lui cacher , fous une hiftoire
feinte , celle de mes véritables
difgraces. Il m'ofrit un afile dans
votre Maifon, Madame ; & deftina-
na mes fervices à Monfieur votre
Fils , occupation proportionnée
à mes forces.

Depuis fix mois je vis dans ce
paifible emploi, fans rien perdre
de ma douleur. L'image de mon
Epoux , dont j'ai caufé les mal-

heurs ; eft toujours préfente à ma penfée. Un fouvenir funefte me rapelle fans ceffe le moment , où je l'ai vu pâle, fanglant , défiguré. Quel fpectacle pour une Amante ! Faffe le Ciel qu'une promte mort, finiffant ma mifère me rejoigne pour toujours à l'objet de ma tendreffe.

Voilà , Madame , le fidèle récit de mes malheurs. La compaffion , qu'il vous ont faite, fans les connoître que par conjecture , m'eft un fûr garant que vous en ferés véritablement touchée. Cependant la plus folide marque , que vous puiffiés me donner de votre fenfibilité , c'eft d'enfevelir dans un fecret impénétrable celui que vous m'avés ordonné de vous révéler. Ne me refufés pas cette grace , Madame. Daignés conferver à cette Fille infortunée le peu qui lui refte de réputation & de gloire.

L'Amour, le cruel Amour a causé tous ses maux. Quel ravage ne fait-il pas dans un Cœur foible, lorsqu'il s'en est une fois rendu le Maître. Hélas ! Madame, si le vôtre n'a pû le défendre des traits de cet impérieux Tiran, j'espère que vous n'en serés que plus sensible à ma misère, puisqu'elle est son ouvrage.

Madame de Manneville mêla ses larmes à celles de cette aimable Fille. Elle l'embrassa tendrement, & lui promit de ne la jamais abandonner, & d'avoir pour elle la même tendresse qu'elle avoit pour ses Enfans. Enfin elle la rassura sur son secret par les sermens les plus solemnels.

Depuis ce jour les transports, impérueux d'un amour illégitime firent place dans le cœur de cette Dame aux sentimens purs d'une amitié tendre & sincère. Il n'en

fut pas de même de la folle ardeur
de Berville. Elle devenoit tous
les jours plus forte par les refus
de Dautrive, que je continuerai
d'apeller de ce nom jusqu'à ce
qu'il reprene le sien avec les habits de son Sexe.

Berville atribua ses mépris &
ses dédains à l'orgueil, que la po-
session de sa Maîtresse lui pouvoit
inspirer. Car elle ne douta pas
qu'ils ne fussent contens l'un de
l'autre. Quoique Madame de Manneville l'eût assurée plusieurs fois
que la sagesse & la vertu de ce
jeune Homme avoient enfin changé son amour en une pure estime ;
cette Fille, piquée au vif, crut
facilement que sa Maîtresse ne lui
tenoit ce discours , que pour lui
donner le change , tandis qu'elle
jouissoit en paix de sa conquête.

Les soupçons de Berville n'é-
toient pas sans fondement. Mada-

me de Manneville, ne regardant
plus Dautrive que comme une
perfonne de fon Sexe, fe donnoit
avec lui d'inocentes libertés, qui
fans ceffe augmentoient la jaloufie
de fa Rivale. Elle le faifoit quelquefois entrer dans fa Chambre
à des heures fi fufpectes, furtout
pendant le tems que Monfieur de
Manneville êtoit obligé de s'ab-
fenter, que les Efprits les moins
portés à mal penfer des autres au-
roient eu bien de la peine à ne
pas concevoir des foupçons défa-
vantageux. Cette conduite imprudente acrut fi fort la mauvaife humeur & le défefpoir de Berville,
qu'étoufant dans fon cœur la reconnoiffance des obligations, qu'elle avoit à la meilleure des Maî-
treffes, elle réfolut de fe venger
d'elle, & de celui qu'elle en croioit
être l'Amant favorifé. Pro et lâche à la verité, mais pour lequel

une aveugle paffion demande quelque forte d'indulgence !

Etant donc entrée un jour dans la Chambre de M. de Manneville, lorfqu'il êtoit feul , elle lui peignit le crime de fa Femme avec des couleurs fi naturelles, que ce Mari, dont le cœur avoit quelques difpofitions à la jaloufie , crut aifément qu'il êtoit trahi. Mais comme il avoit de l'honeur & beaucoup d'eftime & de tendreffe pour fa Femme , il ne voulut rien précipiter. Il laiffa paffer quelques jours avant que de prendre la réfolution de fe vanger. Pendant ce tems il examina la conduite de nos prétendus Amans avec toute l'atention poffible.

Comme ils n'êtoient point fur leurs gardes , & qu'ils n'avoient à fe défier de rien , ils ne lui donnèrent malheureufement que trop de prife. Il n'héfita plus alors à

les

les croire coupables ; & résolut de
tirer une sanglante vangeance de
l'afront , qu'ils lui faisoient. Il
feignit , pour les mieux faire tomber dans le piége , un voïage de
plusieurs jours ; & dès le commencement de la nuit , étant rentré
fort secrètement par le secours de
la jalouse Berville , il se cacha
dans la Chambre de cette Fille,
qui n'étoit pas éloignée de celle
de sa Femme.

Madame de Manneville , qui
prenoit un singulier plaisir dans
la douceur de l'entretien de Dautrive , ne manqua pas de le faire
venir ce soir-là même dans sa
Chambre , pour lui tenir compagnie durant quelques heures.
Bervile après avoir vu coucher
sa Maîtresse, alla rejoindre Manneville. Comme ils étoient aux
aguets, ils entendirent peu de tems
après ouvrir doucement la porte

de la Chambre de Madame de
Manneville. Ils ne doutèrent point
l'un & l'autre que ce ne fut Dautrive, qui venoit passer la nuit
avec elle.

Manneville sortit aussi-tôt après
de son embuscade, la rage dans
le Cœur; tenant un Pistolet d'une
main & son épée de l'autre. Il entra
tra dans cet équipage chés sa
Femme, précédé de Berville, qui
portoit un Flambeau. Deux Bou-
gies alumées lui firent voir Dautrive
assis au chevet du lit. C'est maintenant, s'écria-t-il d'une voix terrible
& menaçante, que je vais laver
dans ton sang & dans celui de
ton infame adultère la honte, dont
tu couvres mon front. Reçois la
première le juste prix, que ton
crime mérite. Alors sans atendre
de réponse il lâche son pistolet.

Le trouble, dont il étoit agité, l'empêcha de tirer juste. Le coup porta dans l'Oreiller, sur lequel Madame de Manneville avoit la tête apuïée, sans produire d'autre éfet que de lui bruler la joue. Cette malheureuse Femme, ne pouvant douter du sujet de la colère de son Mari, n'eut que le loisir de s'écrier : Ah, Monsieur ! Quelle erreur vous abuse ! Dautrive est une Fille. Manneville, qui dans sa fureur avoit déja tiré son épée, pour achever avec le Fer ce que le Feu n'avoit pu faire, demeura comme immobile à ces paroles.

Dautrive, s'étant jeté promtement à ses pieds, lui confirma la vérité du discours de Madame de Manneville. Il lui dit en peu de mots, & tout tremblant, le sujet de son déguisement. La douleur de Manneville égala sa surprise. Il fut au désespoir de l'ac-

tion, qu'il venoit de faire. Il ver-
fa des larmes fincères en abondance , & demanda pardon à fa
Femme de fon emportement.

Il fit panfer avec promptitude
la bleffure qu'elle avoit à la joue,
qui lui caufoit de cuifantes dou-
lèvrs , & qui la menaçoit d'une
grande difformité. Tous les remèdes, qu'on apliqua , ne purent empêcher l'inflammation de s'y mètre ; & la fraïeur, dont Madame de
Manneville avoit été faifie par l'action furieufe de fon Mari , fit une fi
grande révolution chés elle , qu'elle en eut une fièvre violente , qui
ne fit qu'aller tous les jours en
augmentant, & qui fur la fin du
quatriéme lui fit rendre à la Nature le tribut, qu'elle exige de tous
les Mortels. Abufée par un déguifement funefte pour elle , elle avoit
brûlé de feux illégitimes ; & màl-
gré le repentir , qu'elle en eut ,
elle expia ce crime inutile par

une mort , qu'on peut regarder comme violente. Une fin tragique n'eſt pas toujours le prix de l'Infidélité conduite même juſqu'à ſa conſommation ; mais le Ciel ne manque preſque jamais de la punir par des humiliations ſouvent plus dures que la mort même.

Manneville parut inconſolable d'avoir perdu ſa Femme. Peu s'en fallut qu'il ne ſacrifiât Berville à ſa douleur. Mais quand il ſut que cette Fille avoit été trompée la première , & que ſon crime , venoit moins de ſa malice , que de ſa jalouſie & de ſon déſeſpoir ; il ſe contenta de la chaſſer de ſa Maiſon. Elle eut tant de douleur de la mort de ſa Maîtreſſe , dont elle avoit été le principal inſtrument , qu'elle réſolut de renoncer entièrement , au monde. Elle ſe jeta dans un Cloître; pour y pleurer amèrement ſon crime pendaut le reſte de la vie , que la douleur &

le repentir ne laissèrent pas durer
long-tems.

Cependant Dautrive, aïant quité les habits de son déguisement,
redevint Adélaïde de Ligneville;
& jusqu'à ce qu'elle eut vu le parti, qu'elle avoit à prendre, elle
accepta l'ofre, qu'une Dame des
Amies de Madame de Mannevile
& qui demeuroit dans le voisina-
ge, lui fit d'une retraite chés elle. Elle
parut dans ses nouveaux habits
avec tant d'avantage aux ïeux de
Manneville, lorsque la bienséance lui permit de la revoir, que
la douleur de la perte de sa Femme lui devint insensiblement moins
amère. La compassion, qu'il sentoit pour les malheurs de cette
Fille, les charmes de sa beauté,
son esprit, sa douceur, sa sage
conduite le disposèrent à de tendres sentimens. Enfin il conçut par
degrés un violent amour ; & cette passion augmentant à mesure

qu'il découvroit de nouvelles perfections dans la belle Adélaïde,
il résolut de l'époufer, comme
une Fille de condition, Veuve
d'un Gentilhomme.

Il lui fit ofre de fa fortune avec
tant de foumiffion, de conftance & de retenue, que touchée d'u-
ne Paffion fi refpectueuse dans un
Homme, dont elle avoit été le Domeftique, elle fe rendit à fa per-
févérance, encore plus qu'à la né-
ceffité de mètre fin aux embaras,
dans lesquels elle fe trouvoit. Il
lui donna folemnellement la main;
& Monfieur de Ligneville étant
mort un an après ce Mariage,
il la conduifit en Lorraine. Ses Parens furent également furpris &
charmés de revoir une Perfone,
dont ils n'avoient entendu dire
aucunes nouvelles depuis fon éva-
fion. Ils lui donnèrent fans aucune conteftation ce qui lui reve-
noit par la mort de fon Père.

Après deux années paffées fans avoir d'Enfans, elle acoucha d'un Fils au commencement de la troifième. Mais cette fécondité, qui pénétra Manneville de la joie la plus vive, devint funefte à cette aimable Femme, qui mourut quelques jours après fon acouchement. Malheureufe par un Mariage contracté fous de funeftes aufpices contre toutes les Loix; heureufe par un fecond Himen, qui fembloit être la digne récompenfe de fes charmes & de fes vertus; elle vit, prefque dès le commencement de fa carière, fes plus belles efpérances moiffonnées par la mort. Tant de mérite ne devoit-il donc jouir que d'une félicité de fi courte durée? Pourquoi faut-il que par les égaremens de fa première jeuneffe, Adélaïde de Ligneville eut apefanti fur elle le bras vangeur de la Juftice Divine.

LA VERTU
COURONÉE
SECONDE HISTOIRE.

RIen dans les Femmes ne mérite davantage notre eſtime,
que l'amour de la Vertu. Je parle
de cette ſorte de Vertu , qui les
fait triompher des attraits d'un A-
mour illégitime. Voilà ce qui fut
toujours leur véritable gloire , &
ce qui leur doit aſſurer le juſte tribut de nos éloges.

Cet Amour conſtant d'un devoir, dont il eſt ſi facile & ſi doux

de s'écarter , est le fruit de bien
des combats secrets. S'il s'acquiert
avec peine , il ne coute pas moins
à conserver. Disons le librement ;
les Femmes ne naissent pas avec
plus de pente à la Vertu, que
les Hommes. Le seul avanta-
ge , qu'elles ont sur eux , est celui
de la Pudeur , qui paroît leur être
plus particulière. Mais cet heureux
présent de la Nature , quelque
favorable qu'il soit à la conservation de leur sagesse , ne seroit
pas toujours seul un secours assuré contre leur foiblesse. Il a besoin d'être soutenu par les Sentimens , que l'Education, & la Ré-
ligion peuvent inspirer. Il faut que
ces deux choses agissent ensemble pour nourir & fortifier dans
les Femmes ce qu'elles ne doivent peut être qu'à la timidité
naturèle à leur Sexe. Sans ces diférens secours réunis , on les vé-

roit prendre autant plaifir à leur
défaite, que les Hommes font gloire d'en trouver à les féduire.

Difons quelque chofe de plus.
Le penchant, qui porte à l'Amour,
eft encore plus fort chés les Femmes que chés les Hommes.
Leur tempérament eft plus délicat. Leur Cœur eft naturèle-
ment plus tendre. Elles n'en font
que plus propres à fe livrer aux
douces impreffions de la plus agréa-
ble des Paffions. D'ailleurs quand
la politique des Hommes les éloigna des emplois & des ocupations publiques, ne leur prefcri-
vit-elle pas , en quelque forte,
de ne fonger qu'à jouir des avantages, qu'elles ont reçus de la Nature ? La Beauté, les Graces , les
Charmes, les Talens de l'Efprit les
plus féduifans, tout ne leur aprend-
il pas quelles font nées pour plaire , & pour régner defpotique-
ment fur ces Souverains même,

qui les ont condamnées à l'inaction
d'une vie défœuvrée. Qu'ont-elles
donc à faire autre chose, sinon
de travailler sans cesse à s'atirer
des hommages, qui leur sont dus ?
Mais parmi la foule d'Adorateurs, qu'elles font tomber à
leurs pieds, il est bien impossible
qu'elles ne deviennent elles-mêmes
les Adoratrices de quelqu'un de
ceux dont elles font les Divi-
nités. Eh ! que doit-il ariver quand
elles n'ont pas la force de se refuser à ce que le Cœur deman-
de ?

Ne nous lassons donc poin t
de rendre justice à ce *Sexe* aimable & toujours digne de notre admiration & de notre estime, quand il est vertueux. Qu'il
ne s'alarme pas si nous avons in-
sisté sur le penchant, qui le porte à s'égarer. Nous n'avons rien fai,
qui ne serve à relever de plus en

plus la gloire de celles qui , fidèles à la Vertu , favent la conferver au milieu des écueils , qui les
environent.

On en va voir ici le triomphe le
plus éclatant dans la perfone de
la Comteffe de Salifburi , qui fut
réfifter à toutes les pourfuites d'un
Roi , plus redoutable encore par
fon merite , que par l'éclat du Trône. Toujours ferme , toujours iné-
branlable dans l'amour de fon
devoir , elle ne fe laiffa point prendre aux amorces les plus atraiantes.
Elle regarda comme un fujet de
honte pour elle , ce qui pour l'ordinaire eft celui de l'ambition de
la plus part des Femmes. Elle
refufa conftament les plus grands
avantages ; & n'héfita pas un moment de préférer une mort volontaire à l'éclat flateur d'être la
Maîtreffe de fon Sonverain

C'êtoit Edouard III. l'un des

plus grands Rois , que l'Angle-
tetre ait eus. Il fut long-tems en
guère avec la France & l'Ecoffe.
Comme il ne pouvoit en même tems combatre en Perfone
deux Nations, dont une feule n'êtoit
que trop capable de l'ocuper tout
entier, il fe mit à la tête des Troupes , qui devoient faire la guère
en France ; & fit choix , pour
commander celles qu'il envoïoit en
Ecoffe, de Guillaume de Montaigu,
Comte de Salifburi , fur l'expérience duquel il crut pouvoir fe
repofer du fuccès de fes Armes.
Il l'avoit marié depuis quelques
années avec une des plus belles
Perfones de fon Roïaume , Fille du Duc de Worcefter fon Mi-
niftre , Homme d'une droiture
& d'une capacité reconnue.

Elle êtoit alors fi jeune , qu'E-
douard ne fit pas beaucoup d'a-
tention à fa beauté , que l'âge

n'avoit point encore achevé de former. Mais elle, qui remarqua très bien la bonne mine du Roi, ne put s'empêcher de souhaiter dans le fonds de son cœur, que l'Epoux, qu'on lui donnoit, eut autant de quoi plaire.

Le Comte de Salisburi, devenu possesseur de cette belle Femme, & voïant chaque jour avec complaisance naître en elle quelque nouveau charme, avoit pour elle les ïeux & les transports d'un jeune Amant. Il ne songeoit qu'à lui procurer sans cesse de nouveaux amusemens ; & portoit son atention jusqu'à la prévenir dans ses moindres desirs. Un Mari tendre, atentif, complaisant est toujours sûr du succès de ces soins, lorsqu'une Femme, née pour avoir des sentimens vertueux, en est l'objet.

Telle étoit la Comtesse de Salisbúri. Dans un âge ennemi des réfléxions, dans un âge où les jeunes Perfones ne penfent guère qu'à fe regarder dans un Miroir, & qu'à fe remplir d'elles-mêmes, elle ne perdit rien des empreffemens de fon Mari. Sa vertu fut leur donner dans fon cœur le prix, qu'ils méritoient. Ils n'y produifirent d'abord que de la reconnoiffance. Mais l'Amour en prend bien-tôt la place dans une Ame, qui n'eft prevenue d'aucune Paffion. La Comteffe répondit fi bien au bout de quelquetems à l'ardeur d'un Mari fi digne de toute la fienne, que dans une Cour brillante, dont elle faifoit l'admiration, elle ne pouvoit être un moment fans le voir.

Sa beauté la rendit bien-tôt l'Idole d'une foule d'Adorateurs, toujours prêts dans la Cour des Rois, à féduire l'Innocence d'une jeune

Femme

Femme fans expérience. Mais fon
cœur , rempli de l'Amour qu'elle avoit pour le Comte , fut toujours infenfible à ce que tant d'A-
mans téméraires pouvoient avoir
d'aimable.

L'heureux Salisburi goutoit donc
avec fa Femme les plaifirs purs
d'une douce union, lorfque le Roi
fit choix de fa perfone pour l'en-
voier en Ecoffe à la tête de fon
Armée. Leurs adieux furent touchans. Des larmes véritables coulèrent en abondance, Ils ne s'arachèrent l'un à l'autre qu'avec douleur. Un fecret preffentiment leur
anonçoit qu'ils ne fe reveroient
plus. Mais la Gloire & le Devoir
les condamnoient à cette cruèle
féparation. Un Homme de guère
n'eft pas à lui même. Il apartient
à fa Patrie ; & quand fa voix s'eft
fait entendre , il doit être fourd
à tout ce que le Sang ou l'Amour

I I. Partie.   G

lui peuvent dire. Dure, mais honorable fituation, qui coute quelquefois bien cher, fans qu'on ofe même en murmurer, ou s'en plaindre!

L'arivée du Comté en Ecoffe changea tout-à-coup la face des Afaires. Il batit plufieurs fois les Ennemis, & remporta fur eux de fi grands avantages, que bientôt ils n'ofèrent plus paroître en Corps d'Armée, & prirent le parti de fe difperfer par petites Troupes dans leurs Montagnes. Le Vainqueur ne s'amufa point à les pourfuivre dans ces retraites prefque inacceffibles. Il fit recevoir les Loix d'Edouard à toutes les Villes du Roïaume ; & pour en mieux affurer la conquête, il démantela les Places fortes, qui fe trouvoient dans l'intérieur du Pais ; & pourvut de nombreufes Garnifons toutes les Places frontières. Tout fut à peine soumis & tranquile, qu'il reçut ordre du Roi de s'embarquer, pour s'aller mètre à la tête des Troupes, qui faisoient la guère en Flandre.

La Renommée avoit apris à la Comtesse de Salisburi les divers succès de son Epoux. Elle s'en aplaudissoit comme de sa propre gloire. Elle se flatoit de le revoir bien-tôt couvert des Lauriers les plus glorieux, lorsqu'elle aprit qu'il alloit courir de nouveaux hasards. Elle en fut alarmée, & ne pouvant plus rester dans Londre, où tout lui devenoit insuportable, & sembloit lui rapeler inutilement la présence de ce qu'elle avoit de plus chèr, elle résolut de se retirer dans un Chateau, que le Comte avoit sur les frontières même d'Écosse. Là ses jours couloient dans les ennuis inséparables d'une longue absence; &

tous les vœux , qu'elle adreſſoit
au Ciel, ne lui demandoient que
la fin d'une Guère , qui lui déroboit depuis ſi long-tems la préſence d'un Mari , qu'elle adoroit.

Le Comte cependant n'eut pas
la fortune auſſi favorable en Flandre, qu'il l'avoit eûe en Ecoſſe.
Il fut fait Priſonnier de guère
dans une Afaire , qu'il eut avec
les François peu de jours après
ſon arivée. La valeur , qu'il fit
paroître dans la mêlée , fut la cauſe de ſon malheur. Quelques Gen-
tilhommes François aïant remarqué qu'il faiſoit pluſtôt l'ofice de
Soldat , que celui de Général, s'a-
tachèrent à le combatre avec tant
d'opiniatreté , qu'ils l'enlevèrent
dans le moment, qu'il s'expoſoit
témérairement à pourſuivre quelques Troupes, qui n'avoient feint
de fuïr , que pour le mieux atirer.

Il fut conduit à Paris où l'on s'éforça d'adoucir fa captivité par les meilleurs traitemens.

Si le Roi fut fenfible à la difgrace du Comte ; la Comteffe fa Femme en fut vivement afligée. Elle écrivit à ce Prince , auffi-tôt qu'elle l'eut aprife , pour l'engager à travailler à la délivrance de fon Epoux, Mais tandis qu'elle n'êtoit ocupée que du foin de rompre les fers de cet Epoux fi cher , peu s'en falut qu'elle n'en fût chargée elle même ; & que les Ecoffois ne la furpriffent dans fa retraite.

En éfet la nouvelle de la détenrion du Comte ne fe fut pas pluftôt répandue chés eux , qu'ils fe crurent dans une circonftance propre à fecouer le joug , qu'il leur avoit impofé. Mais au lieu de s'arêter à reprendre les Places , dont il les avoit chaffés , il réfolurent

de pénétrer jufqu'en Angleterre.
Ils favoient que la Comteffe étoit
dans un Château voifin de leur
Frontière. L'ocafion leur parut
belle , pour fe venger des rava-
ges , que le Comte avoit faits dans
leur Païs. Ils vinrent donc mètre
le Siége devant le Château , dans
l'efpérance de s'en rendre bien-
tôt les Maîtres , & de faire la
Comteffe prifonnière , en même
tems qu'ils s'empareroient des
grandes richeffes renfermées dans
cette Place.

Les foins , que la Comteffe fut
obligée de prendre pour la confervation de fa propre liberté , fuf-
pendirent pour quelque tems fes a-
tentions pour celle de fon Epoux.
Elle ne fongea pour lors qu'à fe
défendre dans fa Fortereffe , &
qu'à rendre inutiles les deffeins
de fes Ennemis. Le Comte , avant
fon départ pour la Flandre , avoit

muni ce Château de toutes le chofes néceffaires pour une longue réfiftance, quoiqu'il n'eut pas prévu que les Ecoffois duffent être affés téméraires pour venir l'ataquer. Les Troupes, qu'il avoit dedans, combatant pour l'honneur de la Patrie & pour la défenfe d'une auffi belle Perfone, que la Comteffe, repouffèrent toujours vigoureufement leurs Ennemis ; & leur tuèrent beaucoup de monde dans un grand nombre de forties, que leur courage leur fit faire.

Les Ecoffois ne fe feroient peut-être pas rebutés de long-tems, s'ils n'avoient apris par leurs Efpions, que le Roi venoit de quiter Londre, pour venir en perfone au fecours de la Comteffe. Cette nouvelle leur fit perdre cœur, & les contraignit de renoncer à leur projets de vangeance. Ils fe retirèrent dans les Montagnes, leur

afile ordinaire , avec une extrème précipitation , croïant avoir
déja fur les bras toutes les forces
d'Edoüard.

Ce Prince aprit avec chagrin ,
à deux journées du Château , que
les Ennemis en avoient abandon-
né le Siége. Il fe voïoit enlever
tout-à coup la gloire de leur entière défaite ; mais aulieu de les
pourfuivre , comme il l'auroit dû
fans doute, ou de retourner fur fes
pas ; un mouvement , dont il ne
fut pas le Maître , l'atira malgré lui
dans la Fortereffe , que le bruit
feul de fon arivée venoit de dé-
gager . Il fut bien aife auffi de
juger de la force de cette Place ,
qu'il n'avoit jamais vue ; & comme d'ailleurs il êtoit fort galant ,
pour les Dames , il crut qu'êtant
fi près de la Comteffe , il ne pouvoit fe difpenfer de lui rendre
vifite.

Quelque

Quelque fut le motif, qui lui
fit continuer fa route , il parut
bien-tôt que fon étoile l'avoit conduit dans ce Château, pour devenir lui-même le Captif de celle
qu'il venoit de conferver libre.
Il en avoit fouvent oùi vanter les
charmes , fans y faire trop d'a-
tention. Il l'avoit même vue fouvent à la Cour , fans en avoir
été touché. Mais fa beauté s'êtoit
tellement augmentéé avec l'âge,
qu'il en devint tout d'un coup
éperdument amoureux. Soit
donc que l'Amour ait des heures
marquées pour fes triomphes, foit
que la furprife & la joie de la
Comteffe , à la vue de fon illuftre
libérateur, donnaffent un nouveau
relief à fes charmes, il ne put la
voir fans trouble, & fans admiration.

La Comteffe elle-même avoit
aidé par fa parure à la défaite

du Roi , quoique sans aucun deffein de la procurer. Mais quoi! Les Dames veulent toujours paroître belles ; elles veulent toujours plaire , bien qu'elles ne soient pas toujours dans la volonté d'aimer. Jalouses de leurs atraits , elles n'oublient rien pour en relever l'éclat ; & sans aucun projet formé de faire des Conquètes , elles goûtent toujours un secret contentement dans les essais, qu'elles font du pouvoir de leurs charmes.

Quoiqu'il en soit, le Roi ne fut pas le seul Captif de la Comtesse. Elle chargea de chaines un grand nombre d'illustres malheureux : & toute l'Armée ne parloit qu'avec admiration de sa beauté. Mais Edouard en fut si frapé dès la première vue , qu'il se sentit blessé jusques au fond du Cœur. Un peu revenu de sa première surprise , il dit galament à la Comta

reffe que fes charmes feuls euffent
été capables de la défendre contre
fes Ennemis.

Ma reconnoiffance, Sire , n'en
juge pas ainfi , répondit-elle mo-
deftement. C'eft à votre Majefté,
que je dois le bonheur de ma liberté. La terreur de fon nom a
difperfé fes ennemis & les miens.
Ils ont pris la fuite aux feules apro-
ches d'un Monarque toujours
victorieux. Le Roi, charmé d'une
Réponfe fi remplie de politeffe,
ne pouffa pas la Galanterie plus
loin , bien réfolu de profiter de
la première ocafion , que la fortune lui feroit naître , pour découvrir l'ardeur , dont il fe fentóit
enflamé.

Lorfqu'il fe fut retiré dans l'A-
partement , qu'il devoit occuper ,
il réfléchit férieufement fur la fituation de fon cœur. Il fut furpris du progrès que fa Paffion avoit

déja fait. Il y voulut opoſer quelque réſiſtance ; mais cette réſiſtance fut foible , parce que ſa
vertu ne rendit que de legers
combats. Sa raiſon lui répréſen-
toit envain que ce n'êtoit guère
le tems de ſe livrer aux douceurs
de la Volupté , quand il avoit ſur
les bras tant de ſortes d'Ennemis.
Mais que peut la voix de la Raiſon ſur un Cœur , qui ſe laiſſe entrainer à l'apas du Plaiſir ? L'A-
mour l'emporta donc. Il devoit
l'emporter. Un Amant , qui porte
une Courone , & qui vient de rendre un ſervice eſſentiel , peut-il
douter qu'on ne reçoive avec joie
l'homage de ſes vœux ? Edouard
n'eut plus de repos qu'il n'eut
parlé. L'ocaſion s'en préſenta même avant la fin du jour.
La Comteſſe , qui ne s'atendoit pas là ſa déclaration , vint
s'y préſenter , comme d'elle-mê-

me, fans rien foupçonner du deffein du Roi. Lorfqu'elle crut
qu'il êtoit un peu repofé de la
fatigue de fa marche précipitée,
elle fe fit un devoir de ne pas
laiffer feul un pareil Hôte. Elle
alla lui renouveler les fentimens
de reconoiffance , dont elle êtoit
pénétrée ; & ce fut avec tant de
grace & d'un air fi touché, qu'elle
s'en aquita , que le Roi crut être
au moment, où fon cœur pouvoit
s'expliquer librement.

Après avoir regardé la Comteffe avec des ïeux, qui l'inftrui-
foient de toute l'impreffion,qu'elle
avoit faite : Ceffés , Madame ,
lui dit-il tendrement, de me faire des remercimens , qui font
audeffus du feryice , que je vous
ai rendu. N'en fuis - je pas trop
païé par la gloire d'avoir fauvé tant de charmes d'une trifte
captivité ? Mais, hélas ! ajouta-

H 3

t-il , que cette liberté , que je viens de vous conferver fera fatale à la mienne , fi vous n'avés pitié d'un Prince malheureux , que vous avés chargé de chaines ! Ah! Madame , comment pouvoir vous exprimer le trouble & le défordre , que vous jetés dans mon âme ? Jour fatal ! Faut-il , pour vous avoir vue , qu'il m'en coute tout le repos de ma vie ? Parlés , charmante Comteffe ; parlés. Hâtés-vous de m'aprendre fi je dois vivre ou mourir.

Le Roi fe faifit en même tems d'une de fes mains , qu'il sèra tendrement dans les fiennes. Mais cette Dame , qui n'avoit pas moins de vertu que de beauté , la retira dans l'inftant , & s'êtant écarté du Roi de quelques pas : Eft-ce à moi , Sire , lui répondit-elle, à qui vous adreffés un femblable difcours ? Quoi donc ! fuis-

je née pour éprouver un fi cruel
mépris de la part de mon Prince?
Il ofe me faire la plus mortèle
injure, & me confondre avec ces
Femmes fans pudeur, qui font
la honte & l'oprobre de notre
Sexe ? Ah ! Sire ; réferviés-vous
ce prix à l'Epoufe d'un Homme,
qui gémit dans les fers pour avoir
aimé votre gloire ? Eft-ce-là la
récompenfe de fes travaux & de
fes fervices ? Rapelés, Sire, les
fentimens de grandeur & de
vertu, qui vous ont fait le mo-
dèle des Rois. La Victoire vous
eft encore facile. Elle vous fera
plus glorieufe que fi vous conqué-
riés l'Empire du Monde. Triompher de fes paffions & de foi-même, c'eft furpaffer la gloire des
plus illuftres Conquerans.

Elle achevoit à peine ces paroles, qu'on vint avertir que l'on
avoit fervi. Le Roi, pénétré de

confusion & devenu plus amoureux encore , fut déconcerté de
la févérité de la Comteffe. Il ne
s'étoit pas atendu qu'elle lui dût
faire aucune réfiftance. Une fi
vertueufe conduire augmenta fon
eftime pour elle , à proportion de
fon amour. Il lui donna cependant la main pour la conduire
dans la Salle du Feftin, fans ofer
lui parler davantage de fa paffion.
Cette dure contrainte & le trouble , qu'il reffentoit , ne lui permirent prefque de toucher à rien.
Mais fes ieux , qu'il ne pouvoit
s'empêcher de fixer fur la Comteffe , puifoient fans ceffe à longs
traits dans ceux de cette aimable
ble Femme le fatal poifon , qui
devoit bien-tôt le confumer. Il
réfléchiffoit néanmoins à la Réponfe , qu'il venoit d'en recevoir.
Il y voïoit clairement que tant
de fageffe feroit un invincibel

obftacle à fes defirs. Devoré d'inquiétude , il fe retira dans fon
Apartement auffi-tôt après le fou-
per , pendant lequel il n'avoit
ceffé de garder un morne filence,
& fe coucha.

Mais aulieu de gouter la douceur
du fommeil , il fut agité de mille
réfléxions , qui le troublèrent.
Sa Paffion & fes Ennemis l'ocu-
pèrent durant toute la nuit. Après
bien des combats , il réfolut de
partir le lendemain , & d'affurer
auparavant la Comteffe que rien
ne feroit capable de le faire renoncer à fon amour. Il fe flata que le
tems & fes foins le rendroient un
jour heureux, & qu'un Roi puiffant
ne foupireroit pas toujours inutilement

La Comteffe ne paffa pas la
nuit avec plus de tranquilité ,
que le Roi. Quoique fon amour
propre dût être flaté d'une con-

quête de cette importance ; elle
ne laiffa pas d'en être alarmée.
Elle avoit trop de vertu pour fe
prêter à rien, qui pût ternir fa
gloire, & d'ailleurs elle aimoit
trop fon Mari, pour être tentée
d'écouter les vœux de quelque autre. Elle crut cependant pouvoir
inocemment tirer quelque fruit
de l'amour du Roi, mais fans le
flater pour cela d'aucune efpérance.
Ce fut de l'engager avant fon départ à travailler éficacement à la
délivrance du Comte. Elle envi-
fagea dans ce projet deux chofes
également avantageufes pour elle.
Elle rempliffoit fon devoir &
fatisfaifoit fa tendreffe en procurant la liberté de fon Epoux ;
& de plus la préfence de cet
Epoux, dont elle étoit adorée, la
pouvoit mètre en quelque forte à
l'abri des pourfuites du Roi.

Le Roi cependant ne fut pas

pluſtôt levé qu'il donna les ordres
néceſſaires pour ſon départ. Quand
tout fut prêt, il alla prendre congé
de la Comteſſe. A peine fut-il entré
dans ſa Chambre , que ſes Femmes
s'étant retirées par reſpeſt ; il ſe
trouva ſeul avec elle. Vous voïés ,
Madame , lui dit-il , après les
prémiers complimens , un Prince
malheureux , que vos rigueurs ont
réduit au déſeſpoir ; mais qu'elles
ne pouront jamais faire changer.
Cet éfort eſt audeſſus de mes forces. Ce feroit inutilément que je
travaillerois à banir votre image
de mon cœur. L'Amour a pris
ſoin de l'y graver ſi profondément,
que bien que ma paſſion ne faſſe
que de commencer , je ſens bien
qu'elle a pris de trop fortes ra-
cines pour la pouvoir aracher.
Adieu , Madame. Le reſpeſt , que
j'ai pour vous, m'impoſe la rigou-

reufe loi de me banir de votre
préfence. C'eft la prémière preuve,
que je vais vous donner de la violence de mon amour. Puiffe-t-elle
exciter dans votre cœur quelque
pitié pour tous les maux , que je
vais foufrir loin de vous.

Ah ! Sire , lui répondit la Comteffe , j'avois efpéré du cœur
magnanime de mon Souverain
qu'il ménageroit enfin dans ma
perfone l'honneur d'un Homme ,
qui pour la gloire de fon Trône
a facrifié fon fang & fa liberté.
Quelle étoit mon erreur ? Hélas !
bien loin de fe repentir de l'o-
fenfe , qu'il m'a déja faite , il
ofe m'acabler d'un nouvel outrage. Le refpect , que j'ai pour la
perfone de mon Prince , m'impofe un rigoureux filence ; mais
il ne fauroit m'empêcher de lui
protefter que rien ne fera jamais
capable d'ébranler mon courage,

ni de me faire oublier ce que je dois à mon Epoux , & ce que je me dois à moi-même. Oui , Sire ; l'éfraiant aparcil des plus cruels suplices ne pouroit pas altérer un seul moment la pureté de ces sentimens. C'est à votre Majesté de regler les siens , & de m'épargner dans la suite des discours , qui m'ofensent autant qu'ils me font rougir. Mais pour refuser absolument les témoignages de votre amour , continua-t-elle , je ne renonce pas de même à ce que je puis atendre de votre générosité. Mon Epoux languit dans les fers. Il ne doit sa captivité qu'à son zèle pour vos intérêts. Que sa promte délivrance soit l'ouvrage de votre justice. Rendés , Sire , un fidèle Sujet à son Prince , un illustre Citoïen à sa Patrie. Je n'ajouté qu'en tremblant , Sire , dit-elle en se jetant

aux pieds du Roi ; sechés les larmes d'une Epouse infortunée , en
lui rendant un Mari, qu'elle aime.

Ah ! Madame , lui répliqua-
t-il , en la relevant promtement,
la prière , que vous me faites ,
me reproche vivement ma négligence. Mais avec la confusion
qu'elle me donne , elle m'instruit
en même tems de mon devoir.
Oui , n'en doutés pas ; vous le
revérés bien-tôt cet Epoux , dont
l'absence fait couler vos larmes ,
& dont vous plaignés les malheurs.
Hélas ! en peut-on éprouver , Madame , quand on est aimé de
vous ? O trop heureux Comte !
Tu gémis dans les fers , mais on
t'adore , & c'est la plus belle
Femme de l'Univers , qui t'a-
dore. Que ne puis-je changer de
condition avec toi ? Je porte
une brillante Courone , mais je
suis en horreur à ce que j'aime.

Mon sort n'a plus rien que d'a-
freux. Ah, Comte ! donne moi tes
chaînes , je te cède tout l'éclat de
mon diadéme.

Le Roi s'atendrit à ces paroles,
qu'il prononça d'un air extrèmement animé. Quelques larmes , qui
s'échapèrent de ses ieux, furent avec
ses soupirs les témoins fidèles du
tourment , qu'il soufroit. Il garda
le silence un moment , & reprit
ainsi. Je vous quite ; Madame ;
pénétré d'une vive douleur de
vous avoir déplu. Tout mon crime est un amour , auquel je n'ai
pu résister. Adieu. Je vais travailler à votre bonheur , & combler moi-même ma disgrâce. Je
vais vous rendre, dans la persone
d'un Epoux chéri , le Rival le plus
redoutable , que je puisse avoir.
Ah ! que cette idée est acablante
pour un tendre Amant , & que
vous allés être bien vangée par

les peines , que je vais soufrir loin
de vous ! Puisse une promte mort
terminer ma déplorable vie !

Ah ! Vivés , Sire , lui répondit la Comtesse, pour le bonheur
de vos Sujets , & pour votre propre gloire. Les grands Rois doivent - ils sucomber aux foiblesses
honteuses de l'Amour, & . . . . .
Mais le Monarque , cèdant à sa
douleur , voulut dérober à la Comtesse l'excès de sa foiblesse , & ne
pouvant plus soutenir sa présence,
sans confusion , il s'éloigna d'elle ,
& partit sur le champ pour Londre.

La Comtesse , malgré toute sa
sévérité , ne put s'empêcher d'être
touchée de l'état du Roi. Sa passion lui paroissoit sincère. Elle en
connoissoit tout le prix. Elle rendoit justice à tant de belles qualités, par lesquelles il étoit un des plus
grands & des plus aimables Princes

ces du Monde. Mais tous les témoignages , qu'il venoit de lui
donner, d'un violent amour , n'excitèrent dans fon cœur aucun mouvement de foibleffe. Fidèle à
fon devoir , elle fe contenta de
le plaindre , bien réfolue d'éviter
avec foin toutes les ocafions de
flater fa tendreffe. Dans cette
vue elle préféra fa retraite au fé-
jour de Londre & de la Cour ,
& réfolut d'y refter jufqu'à l'arivée du Comte. Elle crut qu'elle
pouroit alors en fortir fans crainte ;
& que la préfence de fon Mari ,
fortifiant encore fa vertu , la mètroit à l'abri des pourfuites du
Roi , fi ce Prince s'opiniâtroit à
les continuer. Cependant elle atendit l'éfet de fes promeffes avec
la plus vive impatience.

Elle n'y fut pas trompée. Le Roi
ne fut pas pluftôt de retour à Londre , qu'il écrivit au Roi de France

pour l'engager à faire l'échange du Comte. La chose fut terminée avec assés de promitude ; & Salisburi partit aussi-tôt pour repasser la Mer. Mais, en arivant à Calais, il y tomba dangereusement malade ; & mourut au bout de quinze jours.

Quel coup pour la Comtesse ! Lorsqu'elle aprit cette funeste nouvélle, peu s'en falut que sa douleur ne la mit elle-même au tombeau. Quelle perte viens-je de faire, s'écrioit-elle quelquefois, en répandant des torrens de larmes ! Mort barbare ! pourquoi m'enlèves-tu l'objet de ma tendresse, ou pourquoi ta pitié cruèle épargne-t'elle mes jours ? Hélas ! en t'immolant une tête si chère, que ne me frapois-tu du même coup ? Qui me défendra désormais de l'amour d'un Prince voluptueux, qui ne connoitra plus d'autre règle que cel-

le de fa puiffance & de fon emportement ? Qui me défendra moi-
même d'un penchant , qui ne pren-
dra peut-être que trop de forces ?
Infortunée ! à quels malheurs fuis-je
réfervée ?

Ces triftes réfléxions & les combats de fon cœur & de fa raifon,
joints à fa douleur , la rédui-
foient fouvent dans un état déplorable. Enfin , ne pouvant plus
les foutenir , elle tomba dans une
longue maladie. Son Père acourut
auffi-tôt pour la confoler ; & lui
mena des Médecins pour la fé-
courir. Leurs remèdes euffent été
fans fuccès, fi fa jeuneffe & la force
de fon tempérament ne l'avoient
tirée d'un état fi dangereux.

Elle n'êtoit pas encore parfai-
tement rétablie , que fon Père la
voulut ramener à Londre. Venés,
ma Fille , lui-dit-il , raffurer par
votre préfence une Mère tendre,

qui defire avec ardeur de vous revoir. Je veux vous aracher à votre folitude. Elle nourit trop votre afliction. Elle vous entretient dans des idées , qui font funeftes à votre repos , & qui le deviendroient infailliblement à votre vie. Venés faire la confolation d'un Père & d'une Mère, qui vous aiment. Votre douleur eft jufte ; mais elle doit avoir des bornes ; & fi la Raifon l'autorife, elle en condamne l'excès.

La Comtefse fe trouva dans un extrème embaras. Elle craignoit de retourner à Londre à caufe de l'amour du Roi , dont elle n'ofoit faire confidence à fon Pèr , de peur le lui caufer de la pein . Elle refifta long-tems à ce qui vouloit exiger d'elle. Enfin , vaincue par fes preffantes folicitations , elle partit avec lui , fe flatant qu'elle feroit dans fa Maifon , comme dans un fûr afile ; & que fa condition de Veuve la délivreroit des perfécutions du Roi.

Sa vue combla fa Mère de joie. Elle la reçut comme une perfone échapée aux rigueurs de la mort. Le Roi fut bien-tôt informé de fon retour. Il étoit luimême dans un état bien plus à plaindre qu'elle. Plongé dans une afreufe mélancolie depuis le lendemain qu'il l'avoit quitée , quelque violence qu'il fe fut faire , il n'avoit pu l'oublier. La générofité de fon cœur ne lui permètoit pas de fe réjouir de la mort du Comte , quoiqu'elle le délivrât du feul Rival , qu'il eut à craindre. Il en fut afligé véritablement. Il regrèta publiquement la perte de ce vaillant Général. Il honora fa mémoire par de magnifiques éloges. & par des témoignages de fon eftime & de fa reconnoiffance.

Stérile pitié , vains honneurs, qui
ne réparent pas la perte des grands
Hommes !

Cependant la mort du Comte
n'avoit pas laissé que de flater l'a-
mour du Roi de quelque espérance. Le repos, dont il commençoit
à jouir, & le retour de la Comtesse
à Londre la renouvelèrent tout-à-
coup. Depuis qu'il ne l'avoit vue ,
les Afaires de la Guère venoient
de lui donner tant d'ocupation ,
qu'il avoit été forcé malgré lui de
suspendre celles de sa passion. Mais
elles ne l'avoient pas éteinte. Au
fonds de vertu , qui se trouvoit
dans le cœur de ce Prince , se
joignoit un fond de tendresse bien
dangereux. Tant que la Guère l'o-
cupoit , la Galanterie étoit pour lui
sans atrait. La Guère finie, l'Amour
reprenoit son empire. La Comtesse étant arivée dans ces circonstances , le Roi ne songea

plus qu'à travailler à s'en faire aimer.

Il se proposa d'abord de la gagner par les bienfaits. Comme le Comté de Salisbury relevoit de la Courone, & qu'il y retournoit de plein droit par la mort du Comte, qui n'avoit point laissé d'Enfans, il en fit un don à la Comtesse.

Le Duc de Worcester regarda cette faveur comme une recompense de ses services & de ceux de son Gendre. Sa Fille ne se trompa pas au motif, qui pouvoit avoir fait agir la générosité d'Édouard ; & résolut d'en être de plus en plus sur ses gardes. Elle fut pourtant obligée d'aller rendre graces à son Bienfaicteur ; mais elle eut soin de se faire acompagner par ses Parens ; & cette précaution la sauva d'un entretien particulier, qu'elle redoutoit.

Le Roi fut au défefpoir de la contrainte, à laquelle elle le réduifoit. Ses ïeux feuls furent les interprètes de l'ardeur, dont fon cœur êtoit embralé. La Comteffe entendit leur langage, quoiqu'elle feignit de ne s'en pas apercevoir. Elle reconnut qu'il êtoit toujours le même ; & pour fe délivrer de fes pourfuites elle prit la réfolution de ne plus venir à la Cour. Les bienféances de fon deuil en fournifloient un prétexte légitime.

La vue de la Comteffe donna de nouvelles forces à l'amour du Roi. Son abfence de la Cour le chagrina beaucoup. Il mit en vain toutes fortes de moïens en œuvre pour l'obliger d'y reparoître. En vain même fous prétexte d'honorer le Duc de Worcefter de quelques vifites, effaïa-t-il de la voir. Elle fut toujours fe fouftraire à fes ïeux.   Une

Une si grande résistance ne
le rebuta pas ; & ne servit qu'à lui
faire chercher de nouvelles routes
pour ariver au but , qu'il se proposoit. Il mit dans sa confidence
un Seigneur de sa Cour , qu'il aimoit beaucoup , & qu'il s'étoit
ataché par des faveurs multipliées.
Il le chargea d'une Lètre pour la
Comtesse ; & le conjura de ne
rien oublier pour faire agréer, avec
le don de son cœur, des richesses
immenses & tous les honneurs ,
qu'on pouroit souhaiter. La Lètre
& l'adresse de l'Agent, qui s'en
étoit chargé, furent inutiles. Ce fut
envain que cet habile Courtisan
s'éforça d'éblouir la Comtesse par
l'apas des Grandeurs , & par tout
ce qu'il crut de plus propre à la
séduire. Rien ne fut capable de
l'ébranler. Elle reprocha même à
ce Ministre secret des passions de
son Maître , le honteux personage,

I l. Partie.   K

que son ambition lui faisoit faire ;
& lui dit , en le quitant brusquement , qu'elle n'étoit pas née Prin-
cesse pour pouvoir devenir la Femme de son Roi , mais qu'elle étoit
de trop bonne Maison pour en
être la Maîtresse.

Ce Prince reçut cette sage réponse avec des sentimens de désespoir & d'admiration tout à la
fois. Mais l'estime , qu'il en conçut pour la Comtesse , ne servit
qu'à fournir de nouveaux alimens
au Feu , qui le dévoroit. Le ravage , qu'il excita dans son âme ,
se répandit sur son Corps. Il tomba
malade de langueur. On vit une
Fièvre lente le consumer à vue
d'œil. A force de raisoner sur
ce qui pouvoit avoir causé le dé-
rangement de sa santé , la Cour
vint aisément à bout d'en découvrir la véritable cause.

Les uns élevoient jusqu'au Cie-

la Vertu de la belle Comtesse de
Salisburi , tandis que les autres
condamnoient sa rigueur , ou se
moquoient de ses scrupules & de
sa simplicité. C'est ainsi que des
âmes corrompues sont toujours prê-
tes à répandre le venin , dont elles
sont remplies, sur les actions les plus
dignes de leur respect & de leur
estime. Une conduite sage leur
est un reproche trop éloquent
de leurs égaremens. L'éclat de la
Vertu blesse leurs ïeux ; & comme elles n'ont pas le courage de
la suivre, elles tâchent de se dé-
domager de leur lascheté par une
censure amère & chagrine des
persones , qui lui sont fidèles.

La Comtesse fut informée des
jugemens , que l'on faisoit d'elle.
La justice des uns lui donna de
la consolation ; & la malignité
des autres ne fit que la confirmer
de plus en plus dans la résolution,

qu'elle avoit prife de ne pas s'écarter de fon devoir. Comme elle ne le rempliffoit point par oftentation , elle s'embaraffoit peu qu'on la condamnât. Le Roi fit encore quelques éforts pour réuffir auprès d'elle. Le fuccès en fut toujours le même. Réduit enfin au plus afreux défefpoir , il fembla n'avoir plus que de l'indiférence pour la Vie. Il refufa de fe prêter à ce qui pouvoit la lui conferver.

Son Confident , le voïant dans une fi dangereufe extrèmité , lui confeilla de s'adreffer au Duc de Worcefter ; & de le porter par des vues d'intérêt , à lui ménager l'amour de fa Fille. Cette propofition révolta d'abord la délicateffe & la générofité du Roi, Quel honteux confeil ofés-vous me donner? Voudriés-vous que jefouil-

laſſe ma gloire , & que je fiſſe
le plus cruel outrage au plus fidèle
de mes Miniſtres ? Eſt-ce là la
récompenſe qu'il a ſujet d'atendre de ſon zèle pour mes intérêts ;
& de tant de ſervices importans,
qu'il m'a rendus juſqu'ici ? D'ailleurs pouvés - vous penſer qu'un
Père ſoit aſſés lâche pour ſéduire
ſa Fille , & qu'il ſoit de concert
avec moi pour lui faire perdre
l'honneur ? Puis-je lui propoſer
une telle infamie , ſans déchirer
ſon cœur par l'endroit le plus
ſenſible ?

Mais , Sire , reprit le Favori ,
votre Majeſté ſe réſout donc à
mourir ? L'atachement , que j'ai
pour ſa Perſonne ſacrée , ne me
permet pas de lui déguiſer que
les Médecins , n'ont plus que de
foibles eſpérances de ſa guériſon.
Il faut ou qu'elle renonce à ſa paſſion , ou qu'elle emploie la force

K 3

ou l'artifice pour triompher de la résistance de la Comtesse. Votre Majesté n'a qu'à choisir. C'est à Vous, Sire, à réfléchir sérieusement si vous avés assés de fermeté pour surmonter votre amour, ou si vous méprisés assés la vie pour vous résoudre à la mort.

Ce discours corompit tout-à-coup la vertu du Roi. Le crime honteux, qu'on lui conseilloit cessa de lui faire horreur, lorsqu'on sut le lui déguiser sous le voile d'un zèle ardént ; & qu'on lui proposa la plus facheuse alternative. Il ne vouloit ni cesser d'aimer, ni cesser de vivre. L'un ou l'autre de ces sacrifices le fit trembler, tout intrépide qu'il étoit. Les charmes de la Comtesse de Salisburi vinrent s'offrir dans cet instant à son esprit sous une image si séduisante, qu'il ne désirât jamais avec tant d'ardeur de

la posséder. L'amour de la vie se
fit aussi sentir vivement au fond de
son cœur. Hélas ! s'il agit si fortement sur les plus infortunés Mortels, qu'on n'en voit presque point
qui regardent la mort comme la
fin de leurs tourmens, ni qui veulent renoncer librement à la vie,
toute détrempée qu'elle est pour
eux d'amertume ; quelle impression ne dut pas faire sur le cœur
d'un puissant Monarque la révol-
tante idée d'une mort, qu'on lui
faisoit envisager comme prochaine, tandis qu'il pouvoit l'éloigner
en emploïant l'artifice ou la violence ?

Que l'homme est foible ! Qu'il
est inconstant ! Ce Prince, autrefois si généreux, qui n'avoit
voulu devoir le cœur de la Comtesse qu'à ses soins, qu'à son
amour ; ce Prince, auquel l'i-
dée seule d'un crime faisoit hor-

K 4

reur , change tout-à-coup de fif-
tème , & fe laiffe féduire aux ar-.
rifices d'un lâche flateur ? La mort,
la dernière chofe qu'un Homme
de cœur doive apréhender , ébran-
le , renverfe un Guèrier magnanime , qui l'avoit vue cent fois de
près dans les combats fans la craindre. Il fe détermine , pour contenter fa paffion , à ternir fa gloire , fans fonger que l'Univers entier a les ieux ouverts fur les actions des Rois , & qu'ils en doivent rendre un comte rigoureux
à la Poftérité.

Ce Prince , aveuglé par fa paffion , envoia chercher auffi-tôt le
Duc de Worcefter, quoiqu'il fut déja fort tard. D'abord qu'il fut entré
dans fa Chambre , il en fit retirer
tout le Monde. Enfuite, l'aiant fait
affeoir au chevet de fon lit:Milord,
lûi dit-il , en lui tendant la main
& pouffant un profond foupir ,

la langueur, qui me confume depuis long-tems , & l'heure , à laquelle je vous fais apeler , doivent
vous aprendre que j'ai befoin de
vous pour une afaire d'une extrême importance. Jetés les ieux fur
votre malheureux Roi. Peut-être,
hélas ! ne lui refte-t-il plus que quelques jours à vivre , fi vous n'avés
pitié de fa déplorable fituation.
Verés-vous expirer votre Maître,
fans être fenfible à fes malheurs?
Lui refuferés-vous le fecours , qui
dépend de vous ? Aurés-vous affés de courage & de générofité
pour lui fauver la vie ? En achevant ces mots, il jeta fur lui des
regards languiffans ; & fe tut ,
comme pour atendre fa réponfe.

Un difcours , fi propre à toucher le Duc , produifit fur fon
cœur l'éfet, qu'il devoit. Il en fut
atendri julqu'aux larmes ; & s'è-
tant proîterné devant le lit du

Monarque : Sire , lui répondit-il ,
avec tranſport , votre Majeſté
peut-elle douter un moment de
mon zèle pour ſon ſervice , & de
mon atachement à ſa Perſone ſacrée ? Mes biens , ma fortune ,
ma famille , ma vie même , tout
n'apartient-il pas à votre Majeſté ?
Qu'elle daigne ſeulement m'aprendre ce que je dois faire pour ſauver les jours de mon Roi. Je ſuis
prêt à tout ſacrifier à des intérêts
ſi chers. Milord , reprit le Roi ,
je n'atendois pas moins de l'amour
d'un Sujet fidèle ; mais il me faut
encore quelque choſe de plus.
Vos ſermens me prouveront mieux
la ſincérité de votre zèle , & raſ-
ſureront mon âme incertaine , &
troublée.

Ah ! Sire , répliqua le Duc ,
que votre Majeſté ne difère plus
de m'ordoner ce que je dois faire.
Je jure par les jours même de

mon Souverain , jours qui me font mille fois plus chers que les miens , d'exécuter fidèlement fes ordres. Le Roi , raffuré par ce ferment , reprit ainfi fon difcours , après avoir prié le Duc de l'écouter jufqu'à la fin , fans l'intérompre.

La confufion , que je fens de la prière , que je vais vous faire , me trouble d'avance ; mais qui n'a plus que quelques jours à vivre , n'a plus rien à ménager. J'aime ; ce pas affés dire , j'adore la plus belle & la plus cruèle de toutes les Femmes. Que n'ai-je pas fait pour vaincre ma paffion ? Hélas ! mes éforts ont été fans fuccès ; & ma réfiftance n'a fervi qu'à me faire mieux connoître ma foibleffe & le pouvoir des charmes , qui fe font emparés de mon cœur. Soins , difcours , promeffes , j'ai tout emploïé vainement pour toucher une Inhumaine. Tout Souverain que je suis, on a dédaigné mes vœux avec encore plus de fierté, que si la fortune m'avoit fait naitre simple Particulier. Une pareille conduite auroit dû me guérir & ramener dans mon âme le calme & la raison. Mais l'Amour connoit-il la raison ? Enfin je me trouve dans cette fatale extremité que la possession de ce que j'aime, peut seule me rapeler à la vie. Sans un bien si cher à mon cœur je touche au moment qui doit me priver pour jamais de la lumiere du jour. Quelle est l'horreur de mon sort ! Jugés-en, Milord, par la grace que l'amour me contraint de vous demander. Ciel ! Quelle confidence je vais vous faire ! Ce fier énemi, qui s'opose au bonheur de ma vie, & dont la rigueur va me mettre au tombeau, c'est votre fille. Ah ! Je m'aperçois déja que ma témé-

rité vous irrite , continua-t-il en
baiffant les ïeux. Elle me pénètre
moi-même de confufion ; mais encore une fois je meurs, fi cette
Beauté , jufqu'à ce jour inexora-
ble , ne fe laiffe pas atendrir par
mes malheurs. Vous feul pouvés
me fauver , & mon fort eft entre vos mains. Rendés-la fenfible
à mon amour , fi mes jours vous
font chers ; & difpofés de ma
Couronne , & de ma puiffance.
Vous régnerés plus que moi. Par-
donés à votre Prince infortuné ce
difcours dicté par le défefpoir &
par la force infurmontable de l'A-
mour. Les larmes, qui coulent de
mes ieux, mes foupirs, mes fanglots , l'état où je fuis , tout doit
exciter votre pitié. Mais fongés
en même-tems que je fuis votre
Souverain , & que ma puiffance
pouroit me faire entreprendre ce
que je ne voudrois devoir qu'à
votre amitié.

Qui pouroit exprimer l'étonement du Duc de Worcefter? Une
jufte indignation éclata dans fes
ieux. Il frémit de honte & de dépit tout à la fois. Après avoir gar-
dé quelque tems le filence, comme
un Homme plongé dans une profonde rèverie, il revint enfin à lui
comme d'un fommeil létargique;
& dit : Sire, ai-je bien entendu?
Comment un pareil difcours a-
t'il pû fortir de votre bouche ? A
quel excès d'humiliation votre
Majefté me réduit-elle aujour-
d'hui ? Quelle funefte alternative
pour un Sujet fidèle, & zèlé ?
Quel parti puis-je prendre ? Il
faut que je me refolve à vous déplaire, en me refufant à vos vues;
ou que je deviéne l'infame complice d'un crime, qui me fait horreur. Il faut que j'encoure votre
difgrace, ou que je fois l'Artifan
de ma honte & de celle de ma Fa-

mille. Ah ! fouffrés , Sire , que
je vous parle avec cette noble liberté , qui n'ole guère aprocher
du Trône, Quoi ! vous menacés
ma Fille de lui ravir l'honneur ?
Vous voulés couvrir mon fang
d'un éternel afront ! Vous voulés
enlever à ma Maifon , jufqu'ici
fans tache, fon anciéne fplendeur
Ah ! fi vous m'ofenfés fi cruellement , qui fera mon apui contre
la violence de mes Ennemis ? Mon
Prince même fe déclare le plus
injufte de tous ! C'eft ainfi qu'il
récompenfe ma fidélité ! Voilà
le noble prix qu'il réfervoit à
mes fervices , à ceux qu'il a reçus
d'un Guèrier , dont les bleffures ,
la captivité : la mort même ont
fignalé l'amour pour fa gloire !
C'eft en deshonorant fa Veuve,
qu'il prétend lui prouver fa reconnoiffance ! Sire , qu'eft de-
venue cette vertu , qui faifoit

l'admiration de vorre Peuple , cette magnanimité de courage , qui vous a rendu plus rédoutable à vos Ennemis que la force de vos armes ? Ce Sang pur & généreux que vous ont tranfmis tant d'illuftres Princes , l'honneur du Trône Anglois , ne coule-t-'il plus dans vos veines ? Rapellés , Sire , dans votre âme ces nobles fentimens , qui fixoient fur vous les ïeux de l'Univers entier ? Qu'il eft beau de fe domter foi-même ! Que cètte victoire feroit digne du grand cœur d'Edouard ! Veut-il obfcurcir en un feul jour toutes celles qui jufqu'à préfent ont fignalé la gloire de fon nom ? Quoi donc ! Eft-ce ici le tems de vous livrer aux délices de l'amour ? Que n'oferont point entreprendre vos Ennemis , s'ils aprènent qu'un fi grand Prince s'abandonne maintenant à des Paffions , qui n'ont

rien

rien que de honteux & de criminel? Voilà ce que l'Honneur,
le Refpect, la Fidélité m'infpirent
de vous répréfenter. Puiffent ces
témoignages de mon atachement
fincère, loin de m'atirer votre
couroux, faire renaitre dans votre
âme l'amour, que vous avés toujours eu pour la Vertu! Puiffent-
ils en banir celui des Plaifirs &
de la Volupté !

Ces fages remontrances arachèrent de nouvelles larmes au Roi.
La Juftice & la Vérité percèrent
fon cœur, mais inutilement. Il ne
changea point de réfolution. Il embraffa le Duc. Il effaia de l'éblouir
par l'éclat des plus brillantes promeffes, il le ménaça même d'affurer fon bonheur par la force, fi
fes dons & fes larmes n'êtoient
pas capables de le fléchir. Que
dira-t'on de votre Majefté, Sire,

II . Partie   L

répondit encore le Duc , fi vous devenés un lâche raviſſeur ? Ces ſentimens , ne ſont pas ceux d'un bon Roi qui doit être le Père & le protecteur de ſon Peuple. Heureux les Souverains , qui ne veulent faire que ce qu'ils peuvent ſans crime , & qui prènent pour guide de leurs actions la Modération & la Juſtice ? Pour moi , je refuſe vos dons , s'il faut les acheter par des forfaits. Vos bienfaits me feroient rougir. Je ne ſerai jamais du nombre de ces Favoris , lâches & vils Miniſtres des volontés de leurs Maîtres qui , pour s'élever à de périſſables Dignités, ſacrifient leur honneur , & devièrent l'oprobre du Monde entier. Je vais m'aquiter cependant de ma promeſſe. Je vais inſtruire ma Fille du danger , qui la menace. Le Duc ſortit en même-tems de la

Chambre du Roi.

Ce Prince se trouva dans une extrème agitation. L'Honneur, la Vertu, le Crime lui livrèrent successivement plusieurs assaus. Tantôt il condamnoit sa conduite ; il en sentoit une vive confusion. Tantôt le souvenir des charmes de la Comtesse le ramenoit à sa première résolution. Ces combats durèrent le reste de la nuit. Tout l'éfet, qu'ils produisirent, fut d'augmenter son mal par leur violence.

Le Duc ne passa pas la nuit avec plus de tranquilité que le Roi. Dès qu'il sut que sa Fille êtoit éveillé, il se rendit chés elle ; & pour s'assurer mieux de sa vertu par lui-même, il lui peignit la violence de la passion du Prince, & le danger, qui menaçoit ses jours. Il en fit valoir les promesses, &

L 2

les menaces. Il lui demanda d'un air tranquile en aparence, ce qu'elle penfoit , & quelle étoit fa réfolution.

Ce que je penfe , Monfieur, répondit cette Héroïne, qui crut que fon Père êtoit de concert avec le Roi pour la féduire ; ce que je penfe, eft ce que vous devriés penfer vous - même. Je ne veux pas en entendre davantage de peur de manquer au refpect, que je vous dois. Vous pouvés cependant rendre comte au Roi de mes fentimens & de ma réponfe. Il eft le Maître de mes biens & de ma vie même ; mais il ne le fera jamais de mon honneur. Avant qu'il me le raviffe par la force , é faurai lui faire voir que je ne crains point la mort. Un torrent de larmes inonda fes beaux ïeux ; & firent connoitre à fon illuftre

Père la violence , qu'elle se faisoit , pour ne pas éclater en reproches.

Le Duc ne put se déguiser plus
long-tems. Il l'embrassa tendrement. Il versa des pleurs à son
tour ; mais la joie seule les fit
couler. Ah ! ma Fille , lui dit-il
avec transport , de quel ravissement je me sens pénétré! Quelle est ma satisfaction de vous trouver toujours digne de mon estime & de ma tendresse ! Quelle
gloire , quel bonheur d'avoir pour
Fille une Femme audessus de
la foiblesse de son sexe ; une
Femme , qui sensible à l'honneur
& fidèle à son devoir , fait résister avec courage aux apas des
Grandeurs , & mépriser les charmes de la Volupté. Puissent des
sentimens si purs faire à jamais
l'admiration de l'Univers, comme

ils caufent ma joie & ma félicité?
Raffurés-vous donc, ma chère Fille. Moderés votre douleur. Atcn-
dés avec une parfaite foumiffion
aux décrets de cet Etre fuprème,
à qui vous êtes fidèle , ce qu'il
ordonnera lui-même de votre def-
tinée. Il eft le protecteur de l'Innocence & de la Vertu , comme
il eft le Dieu de la Pureté.
Quand il lui plaît , il change le
cœur & la volonté des Hommes.
Efperés votre délivrance de fa
puiffance & de fa bonté. Con-
jurés-le avec ardeur de vous afer-
mir dans les fentimens, qu'il vous
infpire. Le Duc alors fe retira pour
rendre comte au Roi de la réponfe de fa Fille

Comme il n'avoit rien que
d'affligeant à lui dire , il craignit
de s'expofer une feconde fois à
fa vue, & de s'atirer fon reffen-

timent. Il jugea qu'il étoit plus
à propos d'écrire. Il le fit sur le
champ , & lui demanda la permission de se retirer dans ses Terres Le Roi , prévoiant que le dessein du Duc étoit d'emmener avec
lui sa Fille , lui commanda de
partir seul avec ses autres Enfans.

Le Duc reçut cette disgrace avec
courage. Il anonça son départ à
sa Fille , & l'instruisit des ordres
du Roi. Quoi ! vous voulés me
quiter . lui dit-elle , dans le tems
où j'ai le plus besoin de vos conseils ? Eh ! Qui me défendra de
l'emportement d'un Prince , que
ses passions aveuglent , lorsque
vous m'abandonés ? Votre vertu ,
lui répondit le Duc , & le secours
du Ciel ? Ils me font de sûrs ga-
rants de votre constance & je
vous quite sans apréhender votre
foiblesse. Adieu ma Fille. Je vous

laiſſe entre les bras d'une tendre
Mère , qui vous aime , & qui
vous aidera de ſes conſeils. Il ſortit en même - tems le cœur ſerré
de douleur , & partit ſur le champ
pour ſe rendre au lieu de ſon éxil.

Cependant la ſanté du Roi devenoit tous les jours plus mauvai-
ſe. Les Grands & le Peuple , à
qui ce Prince étoit également cher,
êroient vivement pénétrés de la
crainte , qu'ils avoient de le perdre. On commença pour lors à
murmurer hautement contre la
Comteſſe. Pluſieurs de ſes Parens
éfraiés du danger, où le Roi ſe trouvoit , allèrent chés elle lui repro-
cher ſa dureté pour un Prince aimable qu'elle alloit faire périr. Ils
lui repréſentèrent que ſi la Vertu
l'empêchoit de contenter ſes deſirs , du moins elle ne pouvoit ſe
diſpenſer , ſans inhumanité de flater

ter son amour par quelques déhors
& de politesse & de complaisance ; mais elle demeura ferme dans
le dessein de ne se prêter à rien,
qui put la faire soupçonner de la
moindre foiblesse. Comme cependant sa tendresse pour le Roi ,
n'en étoit pas moins vive , malgré le soin qu'elle avoit pris de
la cacher , & la ferme résolution
de n'en point écouter les conseils ; comme elle apréhendoit ,
que, s'il arivoit quelque malheur
à ce Prince , on ne la regardât
comme l'Auteur de sa mort ; elle
fit de sérieuses réfléxions sur les
mesures, qu'elle avoit à prendre.
Mais elles firent moins d'impression sur son esprit, que la vue
des entreprises , qu'un Amant,
tout-puissant & réduit au désespoir , pouroit former contre elle.
Après bien des combats , après
avoir balancé long-tems sur le par-

II. *Part.*   M

ti, qu'elle devoit suivre, un deffein, qu'elle crut inspiré par le
Ciel, fixa son indécision ; & l'é-
vénement prit soin de juſtifier ce
deſſein, qui n'êtoit pas à l'abri
de toute cenſure.

Les Courtiſans, de plus en plus
éfraiés de l'état du Roi, lui con-
ſeillèrent à l'envi d'uſer du droit
de ſa puiſſance ; & de ſe rendre
maître par force de la Comteſſe
de Saliſburi. Ce Prince, à qui l'A-
mour & la Maladie avoient troublé la raiſon, conſentît à tout ce
qu'on voulut. Mais aiant apris que
la Ducheſſe de Worceſter êtoit
encore à Londres, un reſte de
généroſité fit qu'il voulut, qu'on
eſſaïât de la rendre favorable à
ſes deſirs. Il ſe flatta qu'à cauſe
de la foibleſſe de ſexe, on n'auroit pas tant de peine à réuſſir
auprès d'elle, qu'auprès de ſon
Mari. Le même Confident, dont

toute l'adreſſe n'avoit pu rien gagner ſur l'eſprit de ſa Fille, n'eut
que trop de pouvoir ſur celui de
la Mére. Il en obtint tout ce qu'il
demanda. Cette Mère ambitieuſe
& foible, cédant d'une part à l'a-
pas des promeſſes les plus magnifiques, & de l'autre à la crainte
de toutes les diſgraces, que la
conduite de ſa Fille pouvoit atirer ſur toute ſa Maiſon, alla la
trouver ſur le champ, & lui parla dans ces termes.

Le tems n'eſt plus, ma Fille,
où te voïant tenir le prémier rang
entre les plus illuſtres Dames du
Roïaume, je m'eſtimois heureuſe de t'avoir portée dans mon
ſein. Ma tendreſſe pour toi me
faiſoit regarder avec complaiſance cette beauté ſans égale, que
relève cette auſtère ſageſſe, à laquelle mes leçons & mes exemples avoient pris ſoin de te for-

mer. Les perfections, dont j'ad-
mirois l'éclat, me faisoient espérer que tu ferois un jour ma consolation, la gloire de ton Païs,
& le soutien de ta Famille. Vaine & trompeuse espérance! Ce
tems heureux n'est plus. Ta beauté fatale est le flambeau, qui va
tout réduire en cendre. Elle cau-
sera non-seulement ta perte, mais
encore la ruine de ta Maison. Tes
rigueurs, bien que légitimes, ont
conduit ton Souverain aux portes du tombeau. Ce Prince, aussi
charmant que redoutable, ce
Prince, que tout son Peuple adore est prêt à perir. Toute l'Angleterre t'impute déja sa langueur, & s'il vient à perdre le
jour, la foudre ne tardera pas
à tomber sur nous. Que devien-
dront tes malheureux Frères ?
Leur destinée sera plus afreuse que
la mort même. Ils seront con-

traints d'erret par tout, fans trouver d'afile affuré. Je les entens
déja maudire le jour de ta naiffance, comme celui qui vit commencer leurs malheurs. Une fi
trifte penfée déchire par avance
le cœur d'une Mère tendre. Hélas, ma Fille ! Quelle eft ma douleur en ce moment de me voir
forcée d'implorer ta pitié pour
eux & pour nous , & de te demander notre mutuèle confervá-
tion aux dépens de ta gloire ?
Mais fongé que tu vas nous perdre tous , en te perdant toi-même.

La Comteffe ne put réfifter
aux mouvements d'horreur , que
ce difcours excita dans fon ame.
Une vive douleur , acompagnée
du plus violent défefpoir , agit fur
tous fes fens avec tant de force,
qu'elle tomba tout à coup , fans
donner aucune aparence de vie.

M 3

L'affliction de la Duchesse fut alors
sans bornes, & courant, comme
une infensée, elle fit retentir toute fa maison de fes cris. On
acourut au fecours de la Comteffe ; & ce ne fut qu'avec bien de
la peine, qu'on parvint à lui faire reprendre l'ufage de fes fens.
. Lorfqu'elle fut un peu plus tranquile, elle fit de férieufes réfléxions fur tout ce qu'elle venoit
d'entendre. Elle en frémit de dépit & de colère, & s'étant con-
firmée de plus en plus dans fon
deffein ; dès qu'elle fut feule avec
fa Mère, elle jeta fur elle des
regards pleins d'indignation, &
lui dit d'un ton qui ne marquoit
que trop ce qui fe paffoit dans fon
cœur: Vos paroles, Madame, m'ont
jetée dans une fi grande furprife,
que le trouble & la confufion que
j'en ai reffentis, ont caufé l'ac-

cident, dont vous avés été témoin. Que je serois heureuse, si
votre fausse tendresse ne se fut
pas empressée de me rapeler à
la lumiére. Je serois à l'abri des
nouveaux malheurs, qui me ménacent. De quel prix peut-elle être
pour moi, cette vie misérable,
s'il faut la conserver par un crime? Quelle est aujoud'hui ma déplorable situation? Ma Mère cons-
pire elle - même contre mon innocence. Sans aucun respect pour
les Loix sacrées de la Nature,
plus cruèle que les Animaux, qui
défendent leurs petits, elle n'a
pas honte de vouloir me livrer
aux emportemens d'un Prince voluptueux? La naissance, que j'ai
reçue d'elle, n'est donc plus pour
moi qu'un funeste bienfait, s'il
faut que je le paie aux dépens de
mon honneur & de ma gloire.
Ah, Madame! est-ce ainsi que

M 4

vous abufés des droits, que votre qualité de Mère vous donne fur ma perfonne ? Oubliés-
vous la mefure de votre pouvoir
& celle de mon obéiffance ? Si
le Roi n'a rien négligé jufqu'à ce jour pour triompher de
ma réfiftance, il n'en a remporté d'autre fruit que la honte de
n'avoir pu vaincre une Femme.
J'efpérois que, rebuté par tant
de tentatives inutiles, il me laif-
feroit enfin refpirer, & cefferoit
une pourfuite, qui doit le couvrir d'un éternel oprobre. Si je
vous en ai dérobé la connoiffance,
c'eft parce que je craignois les
éfets de votre colère fur un Prince, que Dieu même nous ordo-
ne de refpecter dans fes égarements. Inutile crainte ! Ma Mère
les favorife, ces égarements honteux; & loin de vouloir m'y fouftraire, elle fe rend la complice du

plus infâme projet. La Vertu n'a plus de charmes pour elle. L'Ambition la folicite. Elle tremble à la fimple idée des difgraces humaines. Mais raffûrés-vous , Madame. Modérés votre douleur. Livrés-vous à l'efpérance. Abandonnés-vous à la joie. Ce jour fera le dernier de vos malheurs. A Dieu ne plaife que je caufe votre mort & la ruine de ma Famille. Vous allés connoître fi je vous aime ; & vous vérés en même tems combien les jours de mon Prince me font précieux. Allons, Madame, allons le trouver enfemble. Je fuis prête à lui faire le facrifice de ces funeftes charmes , qui nous caufent tant de maux.

La Ducheffe de Worcefter fut pénétrée de confufion des reproches de fa Fille. Elle en admira la fageffe ; mais elle ne l'imita pas. Loin de fe repentir de fa

foibleffe , fon ambition fir taire
dans fon cœur la voix de la Nature , de l'Honneur , & de la Reli-
gion. Trompée par les dernières
paroles de la Comteffe , elle la
crut prête d'obéir à fa volonté.
Cette penfée la combla de joie.
Elle en conçut auffi-tôt les plus
flateufes idées d'élévation. Elle
l'entretint long-tems de l'éclatante fortune , qui l'atendoit ; & lui
dit qu'elle la conduiroit le lan-
demain au Palais. La Comteffe ,
afectant un air tranquile , pour la
mieux tromper , lui répondit qu'elle alloit fe préparer à cette démarche ; & fa Mère la quita ,
pour faire informer le Roi de ce
qui fe paffoit. Ce Prince eut d'a-
bord quelque peine à croire ce
qu'on lui venoit anoncer ; mais
comme ce bonheur imprévu le
flatoit agréablement , il livra fon
ame aux plus doux tranfports d'un

amour, qui croit toucher au but
de ses desirs.

Quelle affreuse nuit passa la
Comtesse? Son cœur fut déchiré
par mille réfléxions également
cruèles. Elle éprouva tour à tour
les mouvemens de l'ambition,
les sentimens de la pitié, les horreurs, que lui pouvoit inspirer le
dessein, auquel elle s'étoit arrê-
tée. Son imagination lui peignit
avec les traits les plus vifs l'amour
d'un Roi puissant & plein de charmes, prêt à descendre par sa rigueur dans la nuit éternelle
du tombeau. L'image des honneurs, des richesses, des plaisirs,
qui l'atendoient, s'ofrit à son esprit, sous la forme la plus capable de séduire. Enfin l'atachement naturel, qu'une femme aimable & jeune doit avoir pour la
vie, & pour tout ce qui peut en
faire l'agrément, lui livra le plus

rude de tous les affauts. Quel
état dangéreux pour fa foibleffe!
Mais invoquant tout à coup le
Ciel dans une fi preffante extré-
mité: Hâte-toi, Dieu Puiffant,
s'écria-t'elle, de venir à mon fecours. Viens raffurer mon ame
troublée. Diffipe ma crainte. Ecar-
te les périls, dont je fuis environée de toutes parts. C'eft pour
les intérêts de ta Loi pure& fain-
te que je combats. Fais-moi triompher par la force de ton bras de
la fureur de mes ennemis & de
mon propre penchant. Elle prononça ces paroles avec tant de
ferveur, qu'elle fentit difparoître
en un moment tous les fantômes
qui l'avoient éfraïée. La crainte, dont elle êtoit agitée, fit place au calme d'une éfpérance innocente. Elle fentit la force &
le courage renaître dans fon
cœur. *Les Grandeurs & les Plai-*

firs n'eurent plus rien pour elle, que d'indiférent. Elle fut en état de braver la mort même.

Le jour , qui devoit éclairer son triomphe , parut enfin. Elle se leva de bonne heure , & prit soin de se faire parer avec toute la magnificence , que son deuil & sa modestie purent lui permètre. Elle fut ensuite trouver sa Mère , & se rendit avec elle au Palais. Le Roi les atendoit avec une impatience mêlée de crainte. Il se défioit toujours de son bonheur. Il ne le crut assuré que lorsqu'il vit entrer la Comtesse dans sa chambre. Ebloui plus que jamais du vif éclat , qui sortoit de ses ïeux , il put à peine prononcer ces paroles : Ah , Madame ! Comment pourrai - je vous exprimer ce que je sens de reconnoissance , & d'amour ? Cependant la Duchesse de Worces-

ter , étant paſſée dans une autre
Chambre , ſa Fille reſta ſeule avec
le Roi. La vue du danger , qui
la ménaçoit , ne l'éfraia point.
Elle jeta ſur le Roi des regards
tranquiles , & lui dit d'une voix aſſurée: Sire, je ne doute point que la
démarche , qu'on me force de faire aujourd'hui, n'abuſe votre âme ;
& que vous ne me regardiés déja
comme une victime , qui vient
ſe livrer à vos deſirs. Vous vous
trompés. Jamais je ne fus ſi réſo-
lue d'être fidèle à mon devoir ;
& vous ne me voïés ici que pour
vous aſſurer moi-même que rien
ne peut me faire changer de ſen-
timent. Mais ne penſés pas pour
cela qu'inſenſible à votre ſort ,
je voie d'un œil indiférent le plus
grand & le plus aimable des Rois
prêt à perdre la vie. Il n'eſt plus
tems de feindre & de vous dé-

guiſer mes ſentimens. Ma réſiſtance à votre amour n'a pour
principe ni la Haine ni l'Indiférence. Que ne m'en a-t-il pas
couté pour triompher du penchant, qui m'entrainoit vers vous?
Oui, le Ciel m'eſt témoin que ,
ſatisfaite de l'amour d'Edouard ,
j'aurois préféré la poſſeſſion de
ſon cœur à tout l'éclat de ſa Courone. Mais, ſi la Fortune ne m'a
pas fait naitre pour la porter ,
j'ai le cœur trop grand pour m'a-
baiſſer au rang de Concubine. La
délicateſſe de mes ſentimens ſe
révolte à la ſeule idée d'une pareille ignominie. Un Amant couroné peut flater l'orgueil d'une
Femme ambitieuſe. Une ame ſo-
lidement grande ne ſe laiſſe pas
éblouir par cette ſeule image , &
la véritable grandeur lui paroît toujours inſéparable de la Vertu. C'eſt
cette auſtère Vertu, qui peut ſeu-

le avoir des charmes pour mon
cœur; & ce n'eft enfin qu'en lui
propofant des nœuds légitimes,
qu'on peut s'en affurer la poffeffion. Il faut donc, Sire, faire
un éfort généreux fur le vôtre. Il
vous coutera moins que vous ne
penfés, fi vous daignés écouter
votre gloire & votre raifon. Il
faut que l'Angleterre reconnoif-
fe enfin dans cette nouvelle victoire d'Edouard le cœur magnanime de fon Souverain. Voilà,
Sire, les fentimens de mon cœur
deftitués de toute oftentation &
de tout déguifement. Mais Votre
Majefté connoitra mieux encore
ma fincérité par le Sacrifice, que
j'ai réfolu de lui faire de ma vie.
Oüi, Sire, fi je ne puis vous infpirer les difpofitions, où je vous
fouhaite, vous me vérés à vos
ïeux mêmes immoler à votre repos, à la confervation de vos
jours,

jours, à la fureté de mon innocence, les foibles charmes, qui
leur font fi funeftes. La mort n'a
rien de terrible pour une ame
vertueufe, & mon bras, foutenu
par l'amour du devoir, eft tout
prêt à finir le cours d'une vie,
que je ne fouillerai jamais par des
crimes. Parlés, Sire, à votre
tour fans aucun déguifement. Il
feroit indigne d'un grand Roi.
La réponfe de Votre Majefté va
décider de mon fort. Puis-je efpérer de vivre à l'abri de la violence & fans infamie, où dois-je
dans cet inftant même mourir
avec gloire.

Elle fe tut quelque tems, &
voiant que le Roi gardoit le filence en lançant fur elle des regards troublés; Quoi, Sire, vous
vous taifés, reprit-elle : Mon fort
eft donc decidé. J'ai trop préfu-
mé de l'amour d'Edouard pour la

gloire & pour la vertu. Son cœur
ne s'ouvre plus qu'aux voluptés
criminèles, & le mien déteste le
penchant, qui l'entrainoit vers
un Amant si peu digne de son
estime. En achevant ces mots,
elle alloit se percer d'un poignard,
qu'elle avoit tenu jusques-là caché sous sa robe, quand le Roi,
lui retenant le bras & tombant
à ses genoux, s'écria dans le vif
transport de son admiration: Vivés, adorable Comtesse. Ah!
Vivés, pour faire la félicité d'un
Prince, dont votre courage &
votre vertu viénent de triompher.
Vivés pour l'ornement de mon
Empire, & pour honorer
une Courone, que mes Peuples
verront avec joïe sur votre tête.
Ah! Madame, si ma tendresse
pour vous ne peut plus augmenter, je sens redoubler mon respect & mon estime. Ils ne fini-

ront qu'avec ma vie. Votre exemple manquoit à la gloire de votre féxe, à l'honneur de l'Angleterre, à l'inftruction de l'Univers. Il mérite qu'Edouard vous
facrifie à fon tour de vains intérêts, en vous ornant de fon Diadéme. Venés donc, charmante
Comteffe, venés vous affeoir avec
moi fur mon Trône, & partager ma Puiffance fouveraine.
Vous régnés déja fur mon cœur,
puiffiés-vous régner long-tems fur
mes fidéles Sujets. Mais connoiffés, Madame, toute l'étendue du
refpect & de la modération, que
la Vertu feule eft capable d'infpirer aux Cœurs les plus corrom-
pus. Si le mien s'eft égaré long-
tems, il doit fon retour au fpectacle de grandeur d'ame & d'in-
trépidité, que vous venés de m'offrir. Mais je ne veux plus devoir
votre poffeffion qu'à votre recon-

noissance. Allons, Madame, aux
pieds des saints Autels. C'est là
que je brûle de vous jurer un
amour pur , une tendresse sans
bornes, une éternelle fidélité.

Le Roi donna des ordres en
même tems pour faire entrer la
foule des Courtisans. Il leur fit
publiquement le récit de ce qui
venoit d'ariver , & leur fit part
de la résolution , qu'il avoit prise
d'épouser la Comtesse de Salisburi. Tous aplaudirent à ce dessein, & s'écrièrent, comme à l'envi , qu'elle étoit digne par sa beauté , comme par ses vertus de régner sur l'Angleterre.

Edouard dépêcha dans le même instant un Courier pour faire
revenir à sa Cour le Duc de
Worcester ; & lui faire part de
l'élévation de sa Fille. Ce tendre
Père faillit à mourir de joie ,
lorsqu'il aprit un événement , qu'il

espéroit si peu. Pour la Duchesse
sa Femme , la confusion qu'elle
ressentit de sa conduite , rendit
sa satisfaction moins vive.

Celle du Roi ne peut être ex-
primée par des paroles. Elle contribua sur le champ au rétablissement de sa santé. Comme sa langueur n'avoit pour cause que son
amour rebuté, l'espérance d'une
félicité prochaine lui rendit en
peu de tems toutes ses forces.
Dès le lendemain du retour du
Duc de Worcester , il épousa la
belle Comtesse de Salisburi; mais
il voulut qu'on diférât de quelque tems la cérémonie de son Cou-
ronement , pour la rendre plus
éclatante. La pompe en fut magnifique. La nouvelle Reine y parut avec tant d'avantage , que les
Peuples ne purent contenir leur
alegresse & leurs acclamations ;
mais ils admirèrent moins les

charmes & la beauté , dont la
Nature l'avoit si libéralement or-
née , qu'ils n'aplaudirent au rare exemple de Vertu , qu'elle venoit de donner à l'Univers ; Vertu par laquelle elle s'étoit fraiée
une nouvelle route , pour s'élever jusqu'au Trône.

L'INFIDÉLITÉ

P U N I E.

TROISIEME HISTOIRE.

LE Marquis de la Brouſſe, Homme de la première Qua-lité d'une de nos plus riches Pro-vinces, avoit pris pour Femme une Perſone d'une beauté peu commune. Enchanté ſurtout de ſa modeſtie, il s'êtoit flaté qu'-une phiſionomie ſage, qui ne ſe démentoit pas, même dans les oc-caſions, où l'on peut être libre ſans bleſſer les loix de la Bien-ſéance & de la Pudeur, êtoit un ſur garant de ſa vertu. Son eſtime pour elle augmentant chaque jour fa paffion , il vivoit dans une entière confiance qu'elle êtoit incapable de reffentir , pour un autre que pour lui , l'ardeur , qui faifoit toute fa félicité. Mais un air de retenue ne décide pas toujours chés les Femmes de leur fageffe , quoiqu'il ajoute à leur beauté de nouvelles graces , & qu'il fache même leur atirer l'eftime des Hommes , qui font le moins fenfibles à ce qui fait aimer la Vertu. Celle de la Marquife ne tint pas long-tems contre les charmes d'un jeune Homme , qu'elle avoit fans ceffe devant les ieux , il êtoit alié de fon Mari , qui l'aïant élevé dans fa Maifon dès fa plus tendre jeuneffe , avoient pris foin de lui donner une éducation digne de fa naiffance & de l'amitié , que le Marquis avoit toujours eue pour fes Parens.

D'Aubonne

D'Aubone, c'eſt le nom qu'il portoit, répondit ſi bien aux intentions de ſon Bienfaiteur, qu'il ſurpaſſa bientôt les eſpérances de ſes Maîtres. Il excelloit ſurtout dans la Danſe & dans la Muſique; & perſone ne montoit un cheval avec plus de grace & d'adreſſe. Le Marquis l'aimoit, comme s'il eut été ſon fils. Il s'aplaudiſſoit ſans ceſſe du ſuccès de ſes ſoins, & ſe repoſoit ſur lui de toutes les afaires, qui pouvoient être à la portée de ſon âge. D'Aubone avoit alors vingt-deux ans.

La Marquiſe de la Brouſſe ne put voir tant de perfections ſans les admirer. Heureuſe, ſi plus modérée, elle s'en fut tenue à l'eſtime, qu'elle ne pouvoit leur refuſer. Des ſentimens plus vifs s'emparèrent de ſon cœur. Peu reconnoiſſante des empreſſemens d'un Mari, dont elle étoit ado-

O

rée , elle oublia bientôt ce qu'elle lui devoit ; & se livrant toute entière à sa nouvelle passion , elle franchit toutes les bienséances. Une Femme n'est pas éloignée de secouer le joug de la Pudeur , lorsqu'après avoir donné dans son ame entrée à l'amour illégitime , elle aide elle-même à sa propre foiblesse.

Le feu , qui dévoroit la Marquise , ne put rester long-tems oisif sous la cendre , qui le cachoit encore aux yeux de celui qui l'avoit alumé. Ces moïens de lui faire connoître son ardeur & de l'y rendre sensible , firent toute son aplication. Elle lui donna des témoignages si marqués du désordre , qui régnoit dans son ame , qu'il ne tarda pas à s'apercevoir de la bonne volonté, qu'elle avoit pour lui. D'Aubone pénétré de reconnoissance pour toutes les obligations, qu'il avoit au Marquis, regarda les sentimens, que la Marquise prenoit si peu de soin de lui cacher, comme le plus grand malheur de sa vie, & comme un présage certain de quelques disgraces, qui l'accableroient infailliblement dans la suite.

Il fut donc insensible à toutes les avances qu'elle lui faisoit; & dans tant d'occasions, si propres à déranger sa raison, il n'écouta que la voix de l'Honneur. Peut-être que la passion, qu'il ressentoit pour un objet rempli d'atraits, lui fournit aussi des armes, pour triompher de ceux de la Marquise. Quoiqu'il en soit, il aimoit, il étoit aimé de la Personne du monde, qui méritoit le plus ses empressemens. Il avoit conduit cette intrigue avec tant de secret & de mistère, qu'elle avoit été jusqu'à ce moment impénétrable à tous les ïeux. Elle avoit échapé même à ceux de la Marquife, qui croïant le cœur de d'Aubone libre de tout engagement, fe flatoit que fon triomphe en feroit plus facile, & qu'elle régneroit avec d'autant plus d'empire fur ce jeune cœur, qu'il n'avoit point encore fenti les impreffions de l'Amour.

Mais elle effaia vainement fur lui le pouvoir de fes charmes. Ce fut envain qu'elle emploïa le langage des regards les plus tendres. Son amour propre en fut humilié. Le dépit, qu'elle en conçut, ne lui rendit cependant pas fa raifon. Elle crut que ce jeune homme ne connoiffoit pas fon bonheur, ou que le refpeƈt l'empêchoit d'en profiter. Dans cette croïance, elle réfolut de lui faire tant d'avances, qu'elle vaincroit enfin fon peu d'expérience ou fa timidité trop respectueuse.

Un jour que le Marquis étoit sorti pour quelques afaires, d'Aubone alla se promener, en atendant son retour, dans une Allée de Maroniers, qui joignoit la Maison La Marquise étoit dans le Jardin, & le suivit aussi-tôt dans la résolution de rompre un silence, dont elle ne pouvoit plus s'acomoder. D'Aubone n'aiant pu l'éviter, elle s'apuïa sur son bras, comme si réellement elle eut êté déja fatiguée d'une promenade, qu'elle ne faisoit que de comencer. D'Aubone, lui dit-elle, en le regardant amoureusement, cherche toujours la solitude. Il ne se plaît qu'à rêver à l'écart. On diroit qu'il est amoureux. Jeune & fait pour l'amour, s'il aime, il est aimé. Quelle est l'heureuse Beauté, qui le retient dans ses chaines. Parlés d'Aubone, ou-

vrés-moi votre cœur. Que je
fois du moins vôtre Confidente.

D'Aubone ne put s'empêcher
de rougir. Il trembla que la Marquife n'eût découvert fon amour,
& qu'elle ne lui tendît ce piége,
pour en tirer l'aveu de fa propre bouche. Son embaras fut extrême. Il fe remit pourtant de fon
trouble le plus promptement qu'il
put, & lui répondit : Madame,
il faut du mérite pour fe faire aimer. Je connois trop le peu que
je vaux, pour penfer que je puiffe avoir le bonheur de plaire. Je
craindrois qu'un mépris éternel
ne fût la récompenfe d'une audace trop téméraire. Je n'ai garde
d'en efpérer le fuccès, dont vous
me flatés.

Une réponfe fi pleine de modeftie augmenta l'amour & les
efpérances de la Marquife. Elle
fe confirma de plus en plus dans

l'opinion qu'elle avoit qu'il étoit encore libre. D'Aubone, reprit-elle avec chaleur, baniſſés une vaine crainte ; & rendés-vous plus de juſtice. Vous n'éprouverés jamais les rigueurs de l'Amour. Je préſume du bon gout de nos Dames, qu'elles vous écouteront avec plaiſir. Oui, je ſuis leur caution, ajouta-telle, en jettant ſur lui des regards pleins de flâme, que l'homage d'un cœur, tel que le vôtre, ſera bien reçu. Le plus tendre retour ſera la récompenſe de vos premiers ſoupirs. Qu'atendés-vous à les pouſſer ?

D'Aubonne n'eut pas de peine à comprendre où tendoit un diſcours, qui n'avoit rien d'obſcur ; & s'il fut raſſuré d'un côté ſur le ſecret de ſon amour, il vit, en tremblant, tout le danger qu'il couroit ; & ne ſachant comment faire pour ſe tirer d'un

O 4

pas fi délicat , il prit le parti de continuer à feindre & de faire entendre à la Marquife , en fe renfermant toujours dans fa première modeftie , qu'il ne voioit dans ce qu'elle lui faifoit l'honneur de lui dire , que l'envie qu'elle avoit de rire à fes dépens.

Madame de la Brouffe perdit toute retenuë, & fentant bien qu'il faloit qu'elle renonçât à l'honneur d'être priée, elle acheva de jouer un rôle peu convenable à fon fexe , & moins encore à fon rang. D'Aubone , lui dit-elle, vous feignés inutilement de ne me pas entendre. Voïons jufqu'où vous pofferés la diffimulation. Si je vous difois qu'en vous exhortant à poufer vos premiers foupirs , je fouhaitois qu'ils s'adreffaffent à moi. Que me répondriés-vous ? Eh que pourois-je vous répondre autre chofe , Madame , repliqua, d'Aubone, que cette scène commençoit à fatiguer, sinon que je me crois indigne du bonheur, que vous sembleriés m'annoncer ; que je fermerois mon cœur à l'Amour ; qu'uniquement satisfait de la bienveillance d'un Protecteur généreux & pénétré de ses bontés, je n'écouterois que ma reconnoissance ; & qu'enfin je ferois incapable de troubler par mon ingratitude & ma témérité la douceur du sort, dont il jouit, en vous aimant ?

Qu'entens-je, s'écria la Marquise, outrée de dépit de l'outrage, qu'elle venoit de recevoir ? Arète ; & cesse de te flater que mon cœur ait pu s'oublier jusqu'à faire un choix si peu digne de lui. Ton insolence mérite les plus rigoureux chatimens. Fier de ta jeunesse, tu ne mets point de bornes à tes prétentions orgueil-

leufes. Va ; fuis de ma préfence. Je ne voulois que me divertir
aux dépens d'un jeune homme ,
pour qui je ne dois avoir que du
mépris. Elle fe retira dans l'inftant , & laiffa d'Aubone dans l'é-
tat qu'on peut s'imaginer.

Rentrée dans fon Apartement ,
elle s'abandone à toute l'horreur
de fes réflexions. L'Amour , la
Fierté , le Dépit lui livrent fucceffivement les plus rudes affauts.
Confufe de ce qui venoit de fe
paffer , & verfant un ruiffeau de
larmes : Malheureufe! s'ecrie-t-elle
d'abord , quel eft le fruit de mes
projets criminels ? L'outrageant
mépris d'un jeune homme, à qui
je facrifiois ma gloire & mon repos ! Comme il feignoit, l'Ingrat !
de ne pas m'entendre ! Quel
dédain ! Quel honteux refus ,
lorfque je l'ai convaincu de ma
foibleffe ! Ah ! Je n'en doute
plus. Il m'a déguifé la fituation

de son ame. Il aime quelque Beauté , qui n'aura pu réfister aux charmes , qui m'ont féduite. Hélas ! Peut-être dans quelques momens, il ira lui faire la confidence de mon emportement. Il lui renouvèlera les fermens d'une ardeur éternèle ; & cette heureufe Rivale triomphera de mes apas , en infultant à ma honte. Vangeons-nous de cet ingrat. Qu'il éprouve juf-qu'où la fureur d'une Femme indignement outragée peut aller. Mais à quel excès me laiffai-je emporter par une aveugle colère? De qui prétends-je tirer une injufte vangeance ? D'un Homme vertueux, que mon crime révolte ; qui fidèle à fon devoir , le préfére aux charmes de la Volupté ; qui ne veut point oublier ce qu'il doit aux bienfaits d'un Epoux , qui m'adore & que j'outrage ; D'un Homme enfin , qui m'eft cher , & dont je voudrois acheter la tendresse de tout ce que je possède au monde. Malheureuse ! Rougis bien plustôt de ta foiblesse. Surmonte une honteuse passion. Achéve de la noïer dans tes larmes. Mais , hélas ! Quelle est mon erreur ? Comment viendrai-je à bout de chasser l'Ingrat de mon cœur , lorsque je vérai devant mes ieux à chaque instant les charmes, qui m'ont vaincue ? Non, non : Ce projet est au-dessus de mes forces. Mon Amour s'iriteroit à cette vue , & prendroit sans cesse une nouvelle nouriture. Ma raison mal afermie céderoit bientôt à mon penchant. Tout trahiroit mon secret , & découvriroit ma foiblesse. Que dis - je ? Je sens déja chanceler ma constance. Eforçons - nous plustôt de le banir pour jamais de ma présence. Ce n'est que par l'éloignement qu'on peut

triompher d'un Objet qui plaît,
Il m'en coutera fans doute tout
le bonheur de ma vie ; mais il y
va de ma gloire & de mon repos de ne plus voir un jeune Homme fi redoutable pour moi.

Les pleurs de la Marquife re-
commencèrent à couler. Elle fentit expirer en un moment fa haine pour d'Aubone ; & le projet
de tirer une jufte vangeance
de fes mépris fit place à l'admiration de fa vertu. Pour peu qu'elle fe fut arêtée à ce dernier fentiment , elle eut bientôt triomphé
de fa paffion ; & le calme fe feroit facilement rétabli dans fon
âme. Mais elle jugea qu'elle ne
pouvoit y réuffir tant qu'elle feroit expofée à voir d'Aubone.
Ce fut du moins fous cette idée
qu'elle fut fe déguifer elle-même
fa vangeance.

Elle fe confirma donc de plus

en plus dans la résolution de l'éloigner de la Maison du Marquis. Elle se flatta qu'un Mari, dont elle étoit aimée avec tant d'ardeur, ne lui refuseroit pas ce sacrifice. La seule chose, qui l'embarassoit, étoit la maniere, dont elle s'y devoit prendre, pour lui faire agréer cet éloignement. Elle savoit qu'il aimoit tendrement ce jeune Gentilhomme, sur la fidélité duquel il se reposoit de ses plus importantes afaires. Mais les artifices, qu'elle se promit d'emploïer, lui firent espérer un heureux succès. Les dificultés même de l'entreprise, loin de la décourager, l'exciterent à faire un nouvel essai du droit, qu'elle avoit à la complaisance de son Epoux. Une Femme, qui se croit aimée, ne trouve rien d'impossible auprès de celui qui l'aime.

Lorsqu'elle se fut bien afermie dans ce dessein , elle feignit d'être malade , & se fit mètre au lit par ses Femmes. Le Marquis , à son retour , lui demande avec une tendre inquiétude ce qui l'oblige à garder le lit. Elle lui répond qu'elle éprouve depuis quelques jours des dégouts , qui lui font croire qu'elle est grosse. A ce discours la joie la plus vive s'empare du Marquis. Il n'avoit point d'Enfans , & souhaitoit passionément d'en avoir. Après mille caresses qu'il fit à sa Femme : Madame , lui dit-il , quelle seroit ma félicité , si le Ciel m'acordoit un gage aussi précieux de votre amour ! Il mètroit le comble à celle que j'ai de posséder l'Objet le plus aimable , que la Nature ait jamais formé. Je n'aurois plus de vœux à faire.

La Marquise ne put s'empê-

cher de pousser un soupir. Ce
discours lui fit sentir l'horreur de
son crime , & combien elle méritoit peu les empressemens d'un
Mari si passioné. Qu'avés-vous ,
Madame , lui dit-il , surpris d'un
air de tristesse , qu'elle vouloit enfin dissimuler ? La joie , que me
donne la nouvelle , que vous venés de m'aprendre , vous cause-
roit-elle une secrète peine ? Crain-
driés-vous de devenir Mere , &
de combler par-là tous mes désirs ? Aprenés-moi de grace le
sujet d'un chagrin , qui comen-
ce à m'alarmer.

A Dieu ne plaise , répondit la
Marquise , ravie de voir son Mari dans la situation, qu'elle demandoit ; à Dieu ne plaise que j'en-
vilage d'un autre œil, que vous
la faveur, que le Ciel me fait espérer. Elle a toujours fait l'objet
de mes désirs les plus ardens ; &

les

les incommodités qui font inſéparables de l'état, où je crois être, ne me cauſent aucun éfroi. L'Amour, que j'ai pour vous , me les fera ſuporter avec courage. Ma ſatisfaction égale la vôtre en ce moment. Si j'avois quelque inquiétude , elle viendroit d'un autre ſource. Mais elle ne devroit vous cauſer aucune peine. Parlés , Madame , dit le Marquis avec vivacité. Vous devés tout atendre de mon amour. Je vous conjure de ne me point celer ce qui s'opoſe à votre contentement. Ce que vous me dites , Monſieur , reprit la Marquiſe , me donne la confiance de vous demander l'éloignement de d'Aubone. Mais je vous ſuplie en même tems de ne pas vouloir pénétrer les raiſons, qui me portent à le ſouhaiter. Il me ſufit de vous dire que ce jeune Homme n'eſt point fait

pour les afaires , auſquelles vous
l'occupés ; & que ſa naiſſance l'a-
pele au Service. Ce diſcours me
ſurprend extrémement , répondit
le Marquis , vous voulés que j'é-
loigne un Homme , dont l'attachement & la fidélité me ſont connus ; & dont la perſonne , m'eſt
encore ſi néceſſaire dans l'embaras d'afaires , où je me trouve en-
gagé. Je ſaiš que ſa naiſſance , ſe-
condée des ſoins que j'ai pris de
ſon éducation , peut lui promètre
un ſort brillant dans le Service ;
& mon intention étoit de l'y placer avec diſtinction. Je ne voulois
qu'attendre encore quelque tems.
Pour le préſent , il m'eſt impoſſible de me paſſer de ſes ſoins. Et
c'eſt ainſi , Monſieur , que vous me
tenés votre promeſſe , reprit la
Marquiſe ? Que j'étois crédule de
compter ſur votre amour ou du
moins ſur votre complaiſance !

Ah ! mérités-vous . . . Que dites-
vous , Madame , intérompit le
Marquis avec un trouble extré-
me ? Quel malheur me faites-vous
envisager ? D'Aubone est-il indigne de mon amitié ? D'Aubone
a-t-il trahi ma confiance ? Vous
auroit-il offensée ? Achevés, Madame. Eclaircissés mes soupçons.
Aprenés-moi ses crimes ; & soïés
sure que vous serés bientôt vangée.

La Marquise s'aperçut à l'agitation de son Mari , qu'elle s'é-
toit trop avancée. Son dessein
n'avoit pas été d'abord d'acuser
d'Aubone d'avoir voulu la séduire. Mais lorsqu'elle vit que le
Marquis pénétroit trop avant dans
un mistère , qu'elle ne pouvoit
plus lui cacher , sans donner
de violens soupçons sur sa propre conduite , elle banit toute
pudeur ; & ne craignit plus d'a-

jouter la calomnie à l'injustice. Elle versa quelques fausses larmes, pour donner plus de crédit à son acusation, & continua de cette sorte avec toutes les aparences d'une véritable douleur.

Il m'en coute infiniment, Monsieur, d'être obligée de vous parler d'une chose, qui ne peut que vous acabler. Plus d'Aubone vous est cher, plus son insolence vous doit inspirer d'horreur. Epargnés-moi, je vous conjure, un détail humiliant. Contentés-vous de savoir que ce jeune Homme, peu satisfait de m'instruire par ses regards & par toutes ses actions d'une fole passion, que je déteste, a ce matin même porté la témérité jusqu'à m'en faire le coupable aveu. Je sais qu'une honête Femme doit éviter ces sortes d'éclats ; & j'eusse souhaité que vous m'eussiés voulu dispenser de vous aprendre son insolence. Mais vous avez voulu m'y forcer. C'est à vous maintenant à me délivrer de la présence de ce jeune audacieux. C'est toute la punition que j'exige de son crime.

Le Marquis fut long-tems comme hors de lui-même, après avoir entendu la fin de ce cruel discours. Il sembla ne prendre ensuite l'usage de ses sens, que pour se livrer sans aucune modération à des transports de fureur. Ce fut dans cet état qu'il se retira chés lui, pour y rouler dans son esprit mille projets de vangeance.

Quand il fut un peu plus tranquille, il commença à faire des réflexions sur une pareille avanture. Comme il étoit plein d'honneur & de probité ; sa résolution fut, avant de faire aucun éclat, d'aprofondir cette afaire, & de ne pas condamner d'Aubone avec trop de précipitation.

Mais plus il réfléchiſſoit à la conduite de ce jeune Gentilhomme , plus il avoit de peine à croire l'accuſation de ſa Femme. La Candeur & l'Innocence étoient peintes ſur le viſage de d'Aubone. Ses mœurs étoient pures , douces , naturèles. Le Marquis n'avoit jamais rien remarqué dans ſes actions , qui ne reſpirât la Sageſſe & la Vertu. Cent fois il s'étoit aſſuré de ſa fidélité. Mille occaſions avoient juſtifié la ſincerité de ſon attachement. Enfin il faiſoit à chaque inſtant éclater ſa reconnoiſſance pour ſon Bienfaiteur. Monſieur de la Brouſſe avoit donc peine à ſe perſuader que d'Aubone ſe fût ſouillé d'une ſi grande perfidie ; & qu'un jeune Homme , qui lui devoit tout ce qu'il étoit , eût eu la lacheté de vouloit ſéduire ſa Femme. Mais en attendant que ce miſtère s'é-

claircît , il lui fît dire de ne pas
fe préfenter devant lui , qu'il ne
le fît apeler.

D'Aubone fut extrèmement
fenfible à cette difgrace ; mais il
n'en fut point furpris. Il reconut auffi-tôt la main d'où partoit
le coup ; & que la Marquife de
la Brouffe l'avoit acufé de fon
propre crime. Se repofant néanmoins fur fon innocence , il ne
défefpéra pas d'en convaincre fon
Bienfaiteur. Comme il étoit généreux , il fut embaraffé fur la ma-
mière , dont il s'y prendroit pour
fe juftifier , fans perdre la Marquife dans l'efprit de fon Epoux :
Il favoit que ce feroit percer le
cœur à ce dernier , que de lui
faire ouvrir les yeux fur ce mif-
tere d'iniquité. Lui révéler l'infidélité d'une Femme , qu'il adoroit , c'étoit caufer pour jamais
la défunion de ces deux Epoux.

Cette seule pensée le faisoit trembler. Il laissa passer quelques jours sans parler au Marquis ; après lesquels il lui fit rendre une lètre, remplie de protestations les plus fortes & les plus touchantes de respect & d'atachement, & qu'il finissoit par le conjurer de ne pas le condamner sans l'entendre.

Cette lètre produisit tout l'éfet, qu'elle pouvoit faire. Elle apaisa la colère du Marquis, & disposa son esprit à prêter à d'Aubone une audiance favorable. Il l'envoïa chercher secrètement, & lui tint ce discours. D'Aubone, quel prix reçois-je aujourd'hui de mes bienfaits ? Vous les païés de la plus noire ingratitude. Votre perfidie & votre lâcheté vont jusqu'à s'en prendre à l'honeur d'une Epouse qui m'est plus chere que les biens & la vie même. D'Aubone, quelle est la grandeur

de

de votre crime ? Les plus afreux fuplices pouroient-ils affés le punir ? Parlés. Qu'avés-vous à dire pour votre juftification ?

D'Aubone ne fut point abatu par des reproches, aufquels il ne pouvoit être qu'extrèmemement fenfible. Il ne laiffa paroître aucune émotion fur fon vifage ; & répondit au Marquis, avec cette liberté d'efprit, & cette noble affurance, qui font prefque toujours les garans de l'Inocence & de la Vérité : Monfieur, le plus grand de mes malheurs n'eft point de voir la malice de mes énemis m'acufer d'un crime odieux. L'acufation ne fait pas le crime, & ne rend point coupable. Ce qui doit m'atrifter, c'eft l'embaras de vous prouver mon inocence ; c'eft de me voir prêt à perdre l'eftime & la bienveillance, dont vous m'avés honoré jufqu'à

II. Part.   Q

ce jour. J'avoue que je ne mérite aucune grace , fi je fuis coupable du crime , dont on ofe
me noircir. Oui , Monfieur ; loin
d'implorer votre clémence , je me
foumets dès à préfent à toute la
rigueur de votre juftice & de
votre vangeance. Pénétré cependant de vos anciènes bontés ,
j'ofe vous en demander encore
une preuve. C'eft de me dire le
nom de mes Acufateurs , & de
me confronter avec eux. Ce n'eft
point par les faillies d'une langue
éfrénée & fans pudeur qu'on peut
m'ôter l'inocence , dont j'ai joui
jufqu'à ce moment. Il faut de
plus fortes preuves pour faire naître des motifs de condamnation
dans l'efprit & dans le cœur de
mon Juge. Voilà , Monfieur , ce
que j'ofre à la lâcheté de mes
Enemis pour me juftifier , ajouta d'Aubone , en montrant au

Marquis, avec une noble & douce fierté, l'épée, qu'il portoit. Malgré le peu d'expérience de mon âge, j'espère que le Ciel secondera la justice de ma cause.

D'Aubone, reprit le Marquis, vous n'avés qu'un Acusateur ; mais il n'a point d'autres armes à vous oposer que sa vertu. La Marquise seule se plaint & vous acuse.

Qu'entens-je, juste Ciel, s'écria d'Aubone! Hélas! à quels malheurs suis-je réservé? Ce discours auroit de quoi me confondre, si le témoignage d'une conscience pure ne soutenoit en ce moment ma confiance. Rien ne parle en ma faveur, il est vrai, que l'inocence de ma conduite passée. Mais le Vice a ses degrés comme la Vertu. Les grands crimes sont toujours anoncés par d'autres crimes. J'abandone mes ac-

tions à toute la sévérité de votre
examen. En est-il quelqu'une,
qui puisse faire soupçoner dans ma
persone un égarement aussi odieux
que celui qu'on m'impute. Je sais
que l'Amour est une Passion aveugle, qui ne reconnoit aucune diférence de rang & de condition; qui
n'est arêtée ni par la crainte de
se perdre, ni par le souvenir des
bienfaits; qui franchit enfin toutes les bornes, que la Bienséance & la Retenue lui voudroient
oposer. Mais si l'Amour est une
Passion aveugle, qui ne respec-
te rien; elle est impétueuse en même tems, surtout dans la Jeunesse. Cet âge, Enemi de la contrainte, de la prudence, du secret, ne sauroit modérer la fou-
gue de ses desirs. Comment pou-
roit-il dérober l'ardeur de ses feux
à des ïeux éclairés? L'on m'acu-

fe cependant du plus lâche atentat.
Vous favés, Monfieur, jufqu'où
va le refpect, dont je fuis pénétré pour la perfone de mon Acu-
fatrice. Il ne fe démentira pas
dans cette ocafion. Il m'impofe
un rigoureux filence. Puiffent feulement tous les cœurs être éxemts,
comme le mien, des honteufes foi-
bleffes de l'Amour! Voilà, Monfieur, tout ce qu'il m'eft permis
de vous aléguer pour ma juftification. Si vous me croïés encore coupable, frapés. Voilà votre
Victime. Elle s'ofre à vos coups,
fans aucune répugnance.

Le Marquis ne douta plus de
l'inocence de d'Aubone; mais
il ne put entendre fes dernières
paroles, fans concevoir des foupçons fur la fidélité de fa Femme. Il les renferma cependant
dans fon cœur, & fe garda bien
d'en venir à l'éclairciffement. Il

ne pouvoit être qu'afligeant &
honteux pour lui. D'Aubone, répondit-il, vous pouvés paroître devant moi, comme à l'ordinaire.
Je souhaite que vous soïés ino-
cent, parce que je vous aime.
Mais songès que votre vie est
entre mes mains, & qu'elle me
répondroit de la témérité de vos
vœux. Allés ; & si votre cœur
est pur, vous n'avés rien à redouter. D'Aubone remercia le Marquis, & se retira dans sa chambre, après avoir renouvelé les assurances de son atachement & de
sa fidélité.

La Marquise cependant éprouvoit le sort le plus cruel. Elle s'ê-
toit bientôt repentie de l'indis-
crète confidence, qu'elle avoit faite à son Epoux. Elle avoit ré-
connu la fausseté de cette démarche, & n'étoit pas tranquile
sur les suites, qu'elle pouvoit avoir.

D'ailleurs l'abfence de d'Aubone , loin d'avoir rendu le repos
à fon efprit, n'avoit fervi qu'à lui
faire conoître combien il êtoit
cher à fon cœur. Elle êtoit
au défefpoir de l'avoir maltrai-
té par des difcours durs & mé-
prifans. Mais elle condamnoit
furtout l'éclat , qu'elle venoit de
faire.

Lorfqu'il parut de nouveau devant elle, cette vue , à laquelle
elle ne s'atendoit pas , lui fit reprendre fes prémiers fentimens
de haine & d'injuftice. Elle fe
plaignit aigrement à fon Mari du
peu d'égard, qu'il avoit pour elle,
& de ce que loin de l'avoir vangée de l'audace de ce jeune téméraire , il l'expofoit à quelque
nouvèle ofenfe.

Le Marquis la pria de modérer fon reffentiment. Il lui répréfenta qu'elle pouvoit s'être trom-

pée dans le jugement , qu'elle
avoit porté des difcours de ce
jeune Homme ; qu'elle avoit fans
doute pris pour une déclaration
d'amour , les témoignages de fon
refpect & de fon zèle ; que d'Aubone s'êtoit juftifié , mais avec tant
de candeur & d'affurance, qu'il ne
pouvoit le croire tout-à-fait coupable ; qu'il éxamineroit toutes
fes démarches avec atention ; &
que s'il s'apercevoit qu'elle ne fe
fut pas trompée , il lui rendroit une
rigoureufe juftice ; mais qu'il ne
pouvoit fe réfoudre à condamner
d'Aubone , qu'il n'eût des preuves plus convainquantes de fon
crime.

Que je fuis malheureufe , s'é-
cria triftement la Marquife! On
refufe de croire à mes difcours.
Peu s'en faut qu'on ne m'en faffe
encore un crime. On demande
d'autres preuves que mon témoi-

gnage, pour condamner ce jeune
téméraire. N'en est-ce pas une
assés forte que de le voir sans aucun atachement marqué ? Quelle
aparence qu'il dédaignât, comme
il fait, la compagnie de toutes nos
Dames, si son cœur n'êtoit prévenu
pour moi d'une passion, qui me
fait rougir. Croiés-moi. N'aten-
dés pas que l'entière conviction
de son crime vous oblige à le punir des plus rigoureux chatimens.
Eloignés-le de votre Maison pour
votre repos & pour ma gloire.

Le Marquis trouva les raisons
de sa Femme plausibles. Il dit à
d'Aubone le jour même, qu'elle
êtoit toujours très-irritée contre
lui ; qu'elle aléguoit même une
preuve de son crime, qui n'êtoit
que trop capable de faire impression. Elle s'étone, ajouta-t-il,
que vous n'aïés point de Maitresse déclarée. Elle ajoute que l'in-

diférence, que vous marqués pour
les Dames, ne vient que de la
paffion que vous avés pour elle.
Je vous prie donc comme Ami,
je vous ordonne même par toute
l'autorité, que je dois avoir fur
vous, de me dire fi votre cœur
eft libre d'engagement.

D'Aubone, tout jeune qu'il
êtoit, avoit un jugement folide
& beaucoup de difcernement. Il
fut dabord furpris comment un
Homme d'un auffi bon fens, que
le Marquis de la Brouffe, pouvoit
le croire amoureux de la Marquife, parce qu'il paroiffoit n'aimer aucune autre Femme. Il admira l'empire que les Femmes
ont fur les Hommes, & l'extrème foibleffe que le Marquis avoit
pour la fienne.

Mais cette preuve, toute frivole qu'elle lui parut, lui donna de la défiance. Il comprit auf-

sitôt que c'êtoit une ruse de la
Marquise , à laquelle sa jalousie
l'avoit fait recourir ; que son but
êtoit de découvrir s'il êtoit amoureux , afin de se vanger ensuite
de ses mépris sur sa Maitresse.
Il résolut donc de se tenir sur
ses gardes, & de ne point nommer au Marquis, s'il êtoit possible , celle dont son cœur êtoit
épris.

Il auroit même souhaité de lui
dérober entièrement la conoissance de sa passion ; mais voiant
bien que le Marquis, qui vouloit
être obéi , pouroit regarder son
refus comme un aveu de son
amour pour la Marquise , il lui
dit avec franchise qu'il avoit depuis long-tems une Maitresse ; mais
qu'il le conjuroit par tout ce qu'il
avoit de plus cher au monde de
ne le pas obliger à la nommer ;
qu'il avoit promis à cette Dame

avec les fermens les plus inviolables de ne jamais révéler fon nom à perfone ; & qu'il ne s'agiffoit pour lui de rien moins que de la perte de fa Maîtreffe & du bonheur de fa vie, s'il ne lui tenoit pas fidèlement parole.

▸ Le Marquis, fatisfait de cette réponfe, ne pouffa pas plus loin fa curiofité. Mais quand il dit à la Marquife qu'elle s'étoit alarmée mal à propos ; que d'Aubone n'avoit pas le cœur infenfible ; & qu'elle pouvoit être bien fûre qu'une autre étoit l'objet de fon amour ; mais que le nom de cette jeune Dame devoit être un miftère impénétrable pour eux : elle tacha de lui dérober le défordre, où ce difcours la jetoit. En éfet il excita dans fon cœur un defir plus ardent de fe vanger ; & dans l'extrème impatience, que la jaloufie lui donnoit de

conoître cette heureuſe Rivale, à
qui ſans doute on l'avoit ſacrifiée;
elle ſoutint à ſon Mari que d'Aubone ajoutoit à ſon crime l'artifice & le menſonge; que s'il
êtoit vrai qu'il eût une Maîtreſſe,
il ne feroit aucune dificulté de
la nommer; & que c'êtoit vouloir
s'abuſer ſoi-même que de ſe contenter d'une pareille défaite;
qu'elle lui conſeilloit donc de l'o-
bliger à s'expliquer plus clairement.

- L'amour du Marquis pour ſa
Femme égaloit, comme je l'ai
dit, ſa foibleſſe. Il rencontra,
quelques heures après cette con-
verſation, d'Aubone, qui ſe promenoit dans le jardin; & lui dit
en l'abordant: J'ai fait réflexion
à ce que vous m'avés dit. Votre
diſcours me jète dans un nouvel
embaras, & me replonge dans
mes anciènes incertitudes. Ne

feignés-vous point d'être amoureux pour me donner le change, &
pour détourner l'idée de l'outrage,
que vous m'avés fait ? Puis-je comter fur ce que vous m'alégués,
tandis que, vous me tairés le nom
de celle qui vous engage ?

D'Aubone, après avoir afluré
le Marquis qu'il avoit dit la vérité, le fuplia de nouveau de ne
le pas contraindre à comètre une
indifcrétion, qui lui feroit perdre
en un moment le fruit d'un amour
qui duroit depuis quelques années, & qui lui coutoit encore
tant de foins & de peines.

Le Marquis fut piqué de ce
refus. Il fentit des mouvemens,
qu'il n'avoit pas conus jufqu'alors.
La Jaloufie s'empara tout-à-fait
de fon cœur. Son vifage même
en fut altéré La douceur, qui faifoit fon caractère, fe changea tout
à coup en fureur. C'eft aflés, dit-

il à D'Aubone , abuſer de ma
crédulité. Je ſuis las d'être la du-
pe de vos artifices. Votre ingratitude & votre perfidie me font
horreur. Choiſiſſés, ou de me révéler votre prétendu ſecret ; ou
de vous retirer ſur le champ de
ma Maiſon. C'eſt le moindre cha-
timent , que vous devés atendre
de ma juſte colère.

C'êtoit prendre d'Aubone par
l'endroit le plus ſenſible. Son atachement à la perſone du Marquis n'êtoit pas inférieur à ſa reconnoiſſance pour les bienfaits,
qu'il en avoit reçus. Il ne put
réſiſter à la menace, qu'il lui faiſoit. Elle triompha de ſa conſtance & de ſa diſcrétion. Monſieur,
lui dit-il, la ſeule crainte de perdre votre eſtime & votre bienveillance me fait ſoumètre à ce
que vous éxigés de moi. Sans cela vous me vériés ſourd à vos me-

naces. La vue même de la plus
cruèle mort n'ébranleroit pas un
moment mon courage. J'ofe néanmoins, avant de rompre le filence, éxiger que vous le garde-
rés vous - même fur le fecret,
que vous voulés favoir. Votre
probité m'eft conue. Elle m'eft
garant qu'il fera fûr entre vos
mains.

Parlés, d'Aubone avec confiance, & furtout avec fincérité,
reprit le Marquis. Je vous promets de ne jamais révéler votre
fecret à perfone. La parole, que
je vous donne, doit vous raffurer encore plus que les fermens
les plus facrés parmi les Hommes.

Peut-être, continua d'Aubone, vous ofenferai-je de nouveau,
Monfieur, par l'aveu que je vais
vous faire. Mais fongés qu'il eft
l'éfet de mon obéiffance. Écou-
tés-

tés-moi donc jufqu'au bout ; & fufpendés votre reffentiment.

J'aime depuis trois ans une jeune Veuve, dont la fageffe égale la beauté. Rien n'eft plus illuftre que fa naiffance. Ses richeffes font confidérables ; mais fon feul mérite s'atira mes premières atentions. La difproportion, que je vis entre nous, ne m'éfraia point. Je favois que l'Amour raproche tout, & qu'il ne conoit point ces vaines diftinctions de rang & de fortune. Je n'en voulois qu'au cœur de cette Belle ; & l'ambition ou le defir de faire un riche -établiffement n'eut aucune part à mes foupirs. Uniquement ocupé de la douceur d'aimer & du défir d'être aimé, je renonçai de bonne heure à toute efpérance téméraire. Un tendre retour me flatoit feul. Je tentai de le mériter par mon refpect & par des fenti-

mens de vertu. Je vainquis d'a-
bord tous les obftacles, qui fem-
bloient s'opofer à la déclaration
de mes feux. Je profitai d'un moment favorable pour en faire l'a-
veu. L'air tendre, refpectueux &
foumis, avec lequel je parlai, fit
qu'on m'écouta fans colère. Je con-
tinuai fur le même ton ; & je m'a-
perçus au bout de quelque tems
que mes foins ne déplaifoient
pas. Enfin j'eus le bonheur d'entendre de la bouche de ma belle Veuve l'aveu plein de charmes, qui fait tous les defirs d'un
véritable Amant. Elle m'aprit que
mon amour pouroit faire fa félicité, fi je continuois d'être fage
& difcret.

Nous primes de juftes mefures
pour dérober à tous les ieux notre mutuèle ardeur. Mais nos en-
trevues, pour être fécrètes, n'en
font pas moins inocentes. La

plus auftère Pudeur y préfide ; & fi nos entretiens font tendres , ils font encore plus chaftes. L'Amour nous prodigue mille douceurs ; mais nos plaifirs font purs & fans remords. Nous n'en conoiffons point d'autres que l'union intime & parfaite de nos cœurs. Cependant , quoique notre intelligence n'ait rien qui puiffe nous faire rougir , une fecrète fraieur me trouble en ce moment. Elle eft l'éfet du refpect , que j'ai pour vous , Monfieur. Je tremble de vous nommer l'objet de ma tendreffe. Je crains que vous ne vous ofenfiés de la témérité , qui m'a fait lever les ïeux fur votre charmante Nièce.

Loin que le Marquis de la Brouffe fut choqué de l'audace de d'Aubone ; je vous pardone , lui dit-il , en l'embraffant tendrement , d'avoir fait un choix fans

mon confentement. Votre vertu,
celle de ma Nièce me font excufer ce que votre conduite a
d'irrégulier. Mais achevés de diffiper mes foupçons. Aprenés-moi
comment votre mutuèle intelligence a pu jufqu'ici fe dérober à la
conoiffance de tout le monde.

Alors d'Aubone lui dit que
l'Apartement de fa Maitreffe
aïant une porte fur le jardin de
fon Hôtel, elle avoit foin la nuit,
qu'elle favoit qu'il la devoit aller
voir, de laiffer ouverte une porte de
ce même jardin, qui donnoit dans
une rue détournée ; que lorfque
fes Femmes êtoient retirées, elle laiffoit aller un petit chien
dans le jardin, qui l'avertiffoit
de fon arrivée ; qu'elle ouvroit
enfuite fon Apartement, & qu'il y
paffoit avec elle les plus heureux
momens de fa vie : que lorfqu'il
s'en féparoit, elle lui difoit quand

il devoit revenir ; & qu'enfin ce
foir là-même, il jouiroit du bonheur de la voir.

Le Marquis, qui vouloit abfolument favoir la vérité de tout
ce que d'Aubone venoit de lui
dire, le pria de le mener avec
lui, comme le fecret témoin
de fon bonheur. Il y confentit.
Les chofes êtoient trop avancées
pour marquer de la réfiftance. Son
refus, en irritant le Marquis,
en eut réveillé tous les foupçons.

Ils atendirent donc l'un & l'autre la nuit avec une impatience,
dont les motifs êtoient bien diférens. Lorfque tout le monde
fut retiré chés le Marquis, &
que chacun y dut jouir du repos,
que le fomeil procure ; ils forti-
rent fans bruit par une porte de
derrière, dont ils avoient pris la
clef. La demeure de la belle Veuve n'en êtoit pas éloignée, &

bientôt ils arivèrent à la porte du Jardin, qu'ils trouvèrent ouverte. Ils n'y furent pas pluſtôt entrés, que le petit chien eut ſoin de les anoncer. D'Aubone n'eut que le tems de prier le Marquis de ſe cacher pour quelques inſtans ſous un berceau de Jaſmins & de Chevrefeuils.

La Dame, étant ſortie de ſon Apartement, vint avec précipitation au devant de ſon Amant. Il lui donna la main auſſi-tôt, & la conduiſit dans ſa chambre, dont ils laiſſèrent la porte ouverte, ainſi qu'ils avoient coutume dans les beaux jours.

Cette nuit êtoit extrèmement obſcure. Le Marquis, pouſſé du deſir de ſatisfaire entièrement ſa curioſité, marcha ſur leurs pas le plus doucement qu'il put, & ſe cacha, ſans faire de bruit, dé-rière la porte de la chambre. D'Aubone l'avoit inftruit que dans la crainte, que fa Maitreffe avoit de faire naitre le moindre foupçon dans l'efprit de fes Gens, elle en baniffoit toujours une importune lumiére, qui n'eut été propre qu'à les déceler.

Le Marquis entendit avec une extrème fatisfaction la converfation de ces deux Amans. Bien qu'elle fut vive & tendre, la plus févére Pudeur n'eut pu rien y trouver à reprendre. Elle dura plus d'une heure ; & quoiqu'il fut de bout & dans une fituation de corps tout-à-fait contrainte, elle ne l'ennuia pas un feul inftant. D'Aubone la termina le premier. Il dit à fa Maitreffe qu'il s'arachoit avec douleur d'un lieu fi plein d'apas ; mais que, le Marquis devant aller à la chaffe de grand matin, fon devoir l'obligeoit indifpenfablement à l'acompagner. Cette aimable Femme lui répondit qu'elle préféreroit toujours son honneur & son devoir à la satisfaction, qu'elle goutoit dans son entretien.

Le Marquis cependant n'eut pas pluſtôt entendu que d'Aubone parloit de se retirer, qu'il comprit qu'il êtoit tems qu'il sortît lui-même. Il le fit avec le même succès, qu'il avoit eu, lorſqu'il êtoit entré; mais comme il se hâtoit de gagner la porte du Jardin, de peur d'être découvert par la Nièce, en cas qu'elle s'avisât de reconduire son Amant, le petit Animal, qui rodoit encore dans le jardin, aboia d'une force extraordinaire. Ses cris redoublés causèrent beaucoup d'inquiétude à la belle Veuve. Elle en marqua les plus vives alarmes à d'Aubone, dans la crainte qu'elle avoit qu'on ne l'aperçût

se

se retirer; ou que quelqu'un ne sut caché dans le jardin. Elle ajouta, par une espèce de pressentiment, qu'elle mourroit infailliblement de douleur, si son amour venoit un jour à se découvrir. d'Aubone la rassura le mieux qu'il lui fut possible, & rejoignit aussi-tôt le Marquis, qui l'atendoit dans la rue.

Eh bien, Monsieur, lui dit-il, avec une extrème agitation! Etes-vous satisfait de la conduite, dont vous venés d'être le fidèle témoin? Détruit-elle enfin tous vos soupçons; & suis-je assés heureux pour avoir regagné votre estime & votre confiance? Voïés à quoi je me suis exposé pour contenter vos desirs. Votre charmante Nièce est dans un mortel éfroi du bruit, qui s'est fait. Elle tremble que son secret ne soit découvert. Elle vient de me dire que sa mort suivroit infailliblement ce malheur.

II. Part.   S

Ah! mon cher d'Aubone, répondit le Marquis, en lui faisant mille carefses, la mienne voûs vengeroit l'un & l'autre, fi j'étois alfés perfide pour révéler jamais à perfonne une paffion fi digne de mon eftime. Que je fuis fatisfait de votre complaifance! Mes foupçons jaloux difparoiffent pour jamais. Vous pouvés déformais tout atendre de la tendreffe & de la fincérité de mes fentimens pour vous. J'aprouve vos feux. Ils font légitimes. Continués d'aimer une Perfone fi vertueufe. Quelque diftance, que la Fortune ait mife entre vous, la vertu vous raproche. Vous mérités l'heureux fort, qui vous eft fans doute refervé par l'Amour. Oui, foïés perfuadé que je ne m'opoferai jamais à votre bonheur. Efpérés-le du tems & de vos foins.

D'Aubone étoit dans un rayiffement inexprimable. Il remercia le Marquis avec un désordre, qui le convainquit mieux de sa reconoissance, que les discours les plus éloquens ne l'eussent pu faire. Ils gagnèrent, en s'entretenant de la forte, l'Hôtel du Marquis, & se séparèrent pour aller jouir dans les bras du someil d'une tranquilité, dont ils avoient perdu les douceurs depuis quelques jours.

Depuis ce moment l'afection du Marquis augmenta pour d'Aubone, & tous les jours il trouvoit l'ocasion d'en donner des marques. La Marquise s'aperçut de cette nouvelle faveur. Le dépit, qu'elle en conçut, fut extrème. Elle ne put dissimuler davantage la haine, qui l'animoit. Elle se déchaîna de nouveau contre ce jeune Gentilhomme sans aucun ménagement. Son Mari la pria de n'en plus parler, parce qu'il étoit content de sa conduite. Il ajouta même, avec un souris forcé, qu'elle prit pour un éfet de mépris & pour un outrage, qu'il conoiſſoit le véritable objet de la tendreſſe de d'Aubone, & que cette Perſone n'avoit point ſon égale en vertu, non plus qu'en beauté.

Ces paroles furent un coup de foudre pour la Marquiſe. Elles lui firent ſentir toutes les fureurs de la jalouſie. Je n'en ſaurois donc plus douter, s'écria-t'elle, lorſ-qu'elle ſe vit ſans témoins : le cœur de d'Aubone eſt ſenſible, & ce n'eſt pas pour moi ? Que dis-je, il mé-priſe mon amour, il déteſte ma perſone, tandis qu'il brûle pour une autre de la plus vive fiâme. Tremble, heureuſe Rivale, ſi ton nom peut venir à ma conoiſſance. Ah ! ſi tes charmes ſurpaſſent les miens, tu païeras cher la gloire d'avoir donné des chaînes à mon ingrat.

Elle prit ensuite plaisir à se tourmenter elle-même, en tâchant de découvrir quel étoit l'objet des empressemens de d'Aubone. Elle fit une revue générale de toutes les Dames de la Ville, & s'arèta sur plusieurs. La Nièce de son Epoux échapa seule à ses soupçons. Cette Dame menoit une vie si retirée, sur-tout depuis son veuvage, qu'il étoit presque impossible de s'imaginer que le choix de d'Aubone eut pu tomber sur elle.

Les tourmens, que la jalousie & l'impuissance de se vanger causèrent à la Marquise, la firent tomber dans un abatement, qui fut suivi d'une maladie de langueur. Un jour, qu'elle redoubloit ses éforts, & qu'elle emploïoit toutes sortes d'artifices pour aracher le secret de d'Aubone de la bouche de son Epoux, il sortit brusquement de son Apartement, en

S iii

lui difant qu'elle avoit laffé fa patience, & qu'il n'y remètroit jamais le pied.

Cette conduite irrita fa fureur, & fa maladie tout à la fois. Le Marquis aprit le lendemain qu'elle êtoit plus mal. L'amour, qu'il avoit pour elle, en fut alarmé. La menace, qu'il avoit faite la veille, fortit fur le champ de fa mémoire : il ne fongea plus qu'à l'aller confoler ; & ce fut avec tant de douceur & de bonté, qu'il lui parla, qu'elle ne défefpera pas de vaincre enfin la réfiftance de fon Epoux, pour peu qu'elle fut aider à fon atendriffement par quelque nouvelle rufe.

Comme elle avoit feint d'être groffe, il lui couta peu d'affurer qu'elle avoit fenti remuer fon Enfant. Le Marquis ne fe poffeda plus à ces paroles. Il embraffa fa Femme avec tranfport. Il lui dit les

chofes les plus tendres, & voulut paſ-
fer la nuit auprès d'elle. La Marquiſe, ravie de ce commencement
de réuſſite, ſe flata de toucher au
moment, qui ſatisferoit ſa curioſité.

Mais pour mieux jouer ſon rôle, elle pria ſon Mari de ſe retirer dans ſon Apartement, & de la
laiſſer ſe livrer dans le ſien à toute l'horreur de ſon ſort. Inſenſible
que vous êtes à ma douleur, lui
dit-elle, la perte de ma vie ne vous
touche pas davantage que celle du
malheureux fruit, qui va périr dans
mon ſein. Hélas ! je ne ſens que
trop que je trouverai bientôt dans
la mort, que je deſire, la fin de
mes peines & de mes ennuis !

Elle acompagna ces paroles de
ſi profonds ſoupirs, que le Marquis apréhenda qu'elle ne fut étou-
fée par leur violence. Ah, Madame, lui dit-il, en la prenant entre

ses bras, cessés de me percer le
cœur ! Je ne puis résister à la situation où je vous vois. Parlés. Que
faut-il que je fasse pour soulager
votre douleur ?

Cessés de l'irriter vous-même par
une fausse pitié, lui répondit-elle.
Que puis-je me promètre de votre complaisance dans l'êtat où je
suis ? Que tu t'es abusée jusqu'ici,
trop crédule Epouse, ajouta-t'elle,
en versant un torrent de larmes
perfides ! Reconois avec confusion le foible pouvoir de tes charmes. On refuse à tes prières, à tes
pleurs l'éloignement d'un Téméraire, qui t'a fait la plus mortèle ofense. On ne veut pas seulement te
laisser pénétrer dans un mistère,
auquel ce Lâche n'a recours que
pour tromper un Epoux, que tu
chéris ; & que pour travailler à te séduire toi-même dans la suite avec
plus d'impunité. Quoi donc, pour-

fuivit cette artificieufe Femme ?
Avez-vous jamais eu quelque fujet
de vous plaindre de ma difcrétion,
à l'égard des fecrets, que vous m'a-
vés quelquefois confiés ? Si vous
avés promis à d'Aubone de ne pas
révéler le fien ; ce ferment vous
lie-t'il envers moi ? Le nœud fa-
cré, qui nous unit, n'a-t'il pas du
confondre nos deux cœurs en un
feul ? Je vous tiens entre mes bras ;
je porte un Enfant, dans lequel
vous vivés ; ne puis-je poffeder votre confiance, comme vous poffé-
dés mon amour ? Que craignés-
vous d'un autre vous-même ? Faut-
il des fermens pour vous raffurer ?
Puiffe la mort la plus tragique m'a-
racher à la lumière, fi je deviens
jamais parjure !

Vous me forcés, Madame, à
l'être moi-même, lui répondit triftement le Marquis. Eh bien ! il
faut vous contenter, mon cœur

ne fauroit plus tenir contre votre
douleur : mais fouvenés-vous de
la peine, que vous avés atachée
à votre ferment. Aïés-la fans ceffe
devant les ïeux, pour qu'elle ferve
de frein à l'indifcrétion. Réflé-
chiffés férieufement, je vous
en-conjure, fur la condition à laquelle vous vous foumètés. Il en
eft tems encore. Mais foïés bien
perfuadée, fi vous venés à me manquer de foi, que votre bouche a
prononcé votre arêt, & que vous
trouverés dans votre Epoux un juge équitable & févére, incapable
de fe laiffer fléchir par l'Amour, ou
par la Pitié.

La Marquife, emportée par fa
jaloufe curiofité, promit d'être fidéle à fa promeffe, & fe foumit
par de nouveaux fermens à mille
morts, fi jamais elle étoit affés in-
difcréte pour révéler à perfonne,
& de quelque maniére que ce fût,

le secret de d'Aubone. Le Marquis, se sentant alors en quelque façon rassuré, n'écouta plus que sa foiblesse, & raconta tout ce qu'il savoit des amours de d'Aubone & de sa Nièce. Heureux s'il se fut défié de la discrétion de sa Femme! Quel ravage ce cruel récit ne fit-il pas dans l'âme d'une Amante jalouse! Mais elle étoit trop habile, pour ne pas dérober aux ïeux de son Mari les mouvemens, dont elle étoit agitée. Tant qu'il fut avec elle, elle afecta beaucoup de satisfaction, & fit voir une tranquilité, qu'elle étoit bien éloignée de gouter. Lorsqu'elle fut seule, elle se livra toute entière à ses fureurs.

Je suis femme, s'écria-t-elle. Je suis outragée. Vangeons - nous. Je veux emploïer à troubler leur bonheur tout ce que la Haine peut inspirer. Je veux les punir de ma

foibleffe... J'en rougis... Ah! c'eft
un Ingrat, qui me réduit au défefpoir. Non ; je ne ménagerai rien,
pourvu que je les y réduife eux-
mêmes, dût-il m'en couter la perte de ma vie. Quel plaifir de troubler l'union de leurs cœurs, d'y
répandre les foupçons, & l'amertume, de les affocier à la cruauté
des tourmens, que j'endure !

Malgré toutes fes réfolutions,
malgré les douceurs anticipées,
que l'efpoir d'une prochaine vangeance lui faifoit gouter. ; la vue
de d'Aubone lui reprochoit fans
ceffe fon crime & fon injuftice.
Mais elle n'en chercha pas moins
les ocafions de le perdre & fa
Maîtreffe avec lui. Les divertiffemens du Carnaval en fournirent
une, qu'elle ne laiffa pas échaper.
Son Epoux avoit coutume de lui
donner tous les ans un Bal dans
ce tems-là. Comme elle étoit une

des Dames les plus confidérables de la Ville, l'Affemblée étoit toûjours nombreufe & brillante.

Elle vit ariver avec joie ce jour fatal. Elle avoit eu foin d'inviter les Dames les plus qualifiées, & n'avoit pas oublié la belle Veuve. Ce n'êtoit pas dans le deffein de lui faire honneur, qu'elle l'avoit priée de cette Fête. Elle ne cherchoit qu'à s'affurer par fes ïeux de la vérité de fon intrigue avec d'Aubone. Elle fe perfuada que l'un ou l'autre de ces Amans ne manqueroit pas de donner quelques marques publiques de fa paffion ; & qu'elle en pouroit profiter pour fatisfaire fa haine & fa vangeance.

Elle fut trompée. Ils fe comportèrent avec tant de prudence & de retenue, qu'il ne leur échapa rien, qui pût donner le plus léger foupçon de leur fecrète in-

telligence. No.. feulement ils ne
fe parlèrent point ; ils ne danfèrent
pas même enfemble. Il fembloit
que tout fût de concert, jufqu'à
leurs ïeux, pour tromper la curiofité de la Marquife. Elle eut beau
les obferver avec foin ; ils ne lui
donnèrent aucune prife.

Voiant enfin que l'Affemblée
êtoit fur le point de fe féparer,
elle alla fe placer dans un cercle
de Cavaliers & de Dames, qui
s'êtoient rangés auprès de fa Rivale. Elle n'y fut pas fitôt, qu'infpi-
rée par fon dépit, elle fit tomber
exprès la converfation fur la Galanterie & fit une guerre badine à
plufieurs de ces Dames fur les intri-
gues, qu'elle leur fupofoit, afin
d'avoir un prétexte à ne pas ménager la Maîtreffe de d'Aubone. Enfuite elle lui porta la parole ; &
fouriant malignemenr, elle lui demanda pourquoi l'on ne voïoit

perfone s'empreffer auprès d'elle ; & s'il étoit poffible qu'avec
une beauté foutenue de tant de
graces, elle n'eut ancun Cavalier,
qui lui fut tendrement ataché.

La belle Veuve n'avoit garde de
foupçonèr le deffein de la Marquife. Elle ignoroit abfolument fa
paffion pour d'Aubone. Ce généreux Amant n'avoit pas cru devoir
s'en faire un mérite auprès d'elle.
Elle répondit donc d'un air naturel,
& gai, que la mort de fon Mari
l'avoit broüillée pour toujours avec
l'Amour ; & qu'àparament il ne
ralumeroit jamais fon flambeau
pour elle.

Alors la Marquife quitant brufquement fon Fauteuil, lui lançe
un regard infultant, & lui dit, en
fe retirant : L'Amour qu'on s'é-
force le plus de cacher, Madame,
n'eft pas toûjours le plus impénétrable. Tout fe plait à le révé-

ler. Les petits Chiens trahiſſent
ſouvent notre ſecret ; & quelques
fidèles, qu'il ſoient, ils manquent
quelquefois de diſcrétion. Les
Amans d'aujourd'hui ne ſe piquent
pas d'en avoir d'avantage. Croïés-
moi, Madame. Ne contés plus ſur
les uns ; & méfiés-vous des autres.
En même tems pour achever de
la déſeſpérer, Cette Perfide cherche d'Aubone des ïeux, & le va
prendre à danſer.

Il ſeroit dificile d'exprimer quelle
douleur & quelle confuſion, l'aimable Veuve reſſentit alors. Elle
ne douta point que ſon ſecret ne
fût connu de la Marquiſe. Mais
comment l'avoit - elle apris ? Ses
ſoupçons ne purent tomber que ſur
d'Aubone, qu'elle acuſa de l'a-
voir ſacrifiée aux faveurs d'une
Rivale plus aimée & moins ſévère
qu'elle. Elle diſſimula cependant
le mieux, qu'il lui fût poſſible, le
déſordre,

désordre, qui régnoit dans son
âme; & dit, en riant à la Compagnie,
qu'elle n'êtoit pas assés habile pour
entendre le langage des Animaux.
& qu'elle craignoit aussi peu leur
indiscrétion que celle des Amans:

Mais sa jalousie lui fit bien-tôt
voir dans les ïeux de la Marquise
& de d'Aubone, pendant qu'ils
dansoient ensemble, une intelligence qui n'éxistoit que dans son
imagination blessée: Ce fut alors
qu'elle ne put résister à la douleur, qui la pressoit. Prévenue que
tout le monde êtoit instruit de sa
foiblesse, elle se leva pour passer
dans une Chambre voisine, où le
Marquis la vit entrer.

Là, croïant être seule, elle se laiss-
sa tomber sur un Sopha. Ses larmes coulèrent abondament; & ses
soupirs sortirent avec tant de violence, qu'ils reveillèrent une Femme de la Marquise. Cette Femme

II. Part.   T

fatiguée d'avoir paflé la nuit, dor-
moit dans un Fauteüil à la ruèle
du lit. Elle détourna tant foit peu
le rideau : qui la cachoit ; & voïant
là Nièce du Marquis, elle fut cu-
rieufe de favoir le fujet de fes foupirs.

· Quelle fut fa furprife, lorfqu'elle ouit diftinctement ces triftes
plaintes ! Quel difcours a frapé ton
oreille ! Ah, malheureufe ! C'eft
l'arêt de ta mort, qu'on vient de
te prononcer. Pourois-tu furvivre à la perte de ton honeur ?
O ! le plus chéri, comme le plus
infidèle de tous les Amans ! Tu
violes donc dans un feul jour tous
les fermens, que tu m'as faits ?
Ingrat ! refervois-tu ce prix à l'a-
mour le plus tendre ? Que ne puis-
je, hélas ! douter encore de ton in-
conftance ! Ta perfidie en eft une
preuve trop certaine. Cruel ! que
ne me laiffois-tu du moins la dou-

ce erreur, qui faifoit le bonheur
de ma vie ? Mais non ; ta barbarie ne veut pas que rien puiffe manquer à mon malheur. Tu viens
de me le faire anoncer par une fière Rivale, à laquelle tu me facri-
fies. Sa beauté t'a féduit. La douceur de fa chaine t'a fait devenir
ingrat & parjure. Mais fi tu ne te
fouviens plus de tes promeffes, je
n'ai pas oublié les miènes. Non,
je ne te vérai jamais après ta lâcheté, qui me deshonore. Ce deffein, il eft vrai, feroit au deffus
de mes forces tant que je jouirois
de la lumière du jour. Toute mon
efpérance n'eft donc plus que dans
une promte mort. Elle feule peut
avoir des charmes pour moi.

Cette acablante penfée jeta dans
fon cœur tant de trouble & de dé-
féfpoir, qu'elle devint en un moment méconoiffable. Une mortèle pâleur éfaça les vives couleurs

de son teint. Un froid soudain
glaça tous ses sens ; & perdant en
même tems la conoissance, elle
tomba dans une défaillance entière.

D'Aubone cependant avoir remarqué qu'elle étoit sortie de la
Sale du Bal. Il crut aisément qu'-
elle s'êtoit rétirée chés elle, & comme les plaisirs sont insipides pour
un tendre Amant, quand il ne voit
plus l'objet, qui les anime ; il se
disposoit à se retirer lui-même. Le
Marquis, s'en étant aperçu, l'arêta par le bras, & lui dit doucement à l'oreille : Elle est entrée
dans cette Chambre. Je crois même qu'elle se trouve indisposée.

D'Aubone, alarmé de ce discours, lui demanda la permission
d'aller avec lui la secourir. Allés-y
seul, lui dit le Marquis avec bonté. Je crois que votre secours sera
mieux reçu que le mien. D'Aubone ne repliqua que par une pro-

fonde révérence, & se hâta d'entrer dans la Chambre. La première chose qui s'ofrit à sa vue, fut sa Maîtresse mourante & décolorée, à laquelle la Femme de la Marquise tâchoit inutilement de donner du secours.

Quel Spectacle pour d'Aubone ! Il vole à cet objet de son amour. Il le prend entre ses bras. Il lui baigne le visage de ses larmes ; & lui dit les choses du monde les plus passionées, sans songer seulement à la présence du témoin, qui l'entendoit.

Le son d'une voix, autrefois si chère à son cœur, fit ouvrir les ïeux à cette Veuve infortunée, & la retira pour un moment des horreurs de la mort, dont elle étoit comme environée. Après avoir fixé ses regards sur d'Aubone : Cesse, infidèle Amant, lui dit - elle, d'une voix basse & mal articulée, cesse de me rapeler à la vie. Ta perfidie me la fait trouver insupportable. La perte m'en est douce, après celle de ma gloire, dont tu n'as pas eu honte de faire le lâche sacrifice à ma Rivale. Elle n'en put dire davantage, & ses yeux se fermèrent une seconde fois.

Ces paroles, jointes au récit, que la Femme de Chambre fit à Daubone, jetèrent ce fidèle Amant dans le désespoir. Il reconut que le Marquis avoit révélé son secret à sa Femme. Cette conoissance le priva de l'usage de sa raison. Il devint furieux, & se plongeant sur le champ son épée dans le corps reçois, dit-il, en tombant aux pieds de sa Maîtresse, reçois, chère Amante, le sacrifice, que je te fais, de mes plus beaux jours. J'ai mérité la mort, puisque j'ai violé ton secret & mes sermens. Mais je ne t'ai jamais manqué de foi. Mon cœur, toûjours tendre, toûjours fidèle, n'a point profané son hommage. Il n'a jamais brûlé d'autres feux, que de ceux dont tes charmes & ta vertu m'avoient embrasé. Fasse le Ciel que tu puisses aprendre un jour que j'étois plus malheureux que coupable !

A la vue de ce sanglant spectacle, la femme de Chambre fit un cri perçant , que le Marquis entendit de la Sale. Il craignoit véritablement que sa Nièce ne se fut trouvée mal ; & son inquiétude augmentoit à chaque moment de ce que d'Aubone ne lui venoit pas dire dans quel état elle étoit. Le cri, qui frapa ses oreilles, le fit entrer brusquement dans la Chambre.

Mais que devint-il , lorsqu'il vit d'un côté sa Nièce mourante , & de l'autre d'Aubone nageant dans son sang ! Interdit, épouvanté de

ce fpectacle d'horreur , il refta d'a-
bord immobile. Mais cette Femme
l'aïant inftruit de ce qui venoit
de fe paffer , il courut à ces deux
Amans , & tâcha , par fes foins &
par les difcours les plus touchans ,
de les rapeler à la vie.

D'Aubone lançant fur lui des regards pleins d'indignation : vous
voïés moins , lui dit - il , les éfets
de la vangeance d'une Epoufe jaloufe & cruèle , que ceux de notre mutuèle indifcrétion. J'expie
mon crime de mon fang. Cela doit
fufire. Je n'éxige point d'autre vangeance.

Ah ! mon cher d'Aubone, s'écria
M. de la Brouffe , qui ne comprit
que trop le fujet des plaintes de
cet Amant malheureux , épargne-
moi des reproches qui me couvrent
de confufion , & qui me défefpè-
rent. J'en fens toute la juftice. Je
reconois mon crime. Il me fait horreur.

reur. Mais ce n'eſt pas aſſés de m'en repentir, il faut encore te vanger d'un Parjure, & punir une Infidèle.

En diſant ces mots, il courut à la Sale du Bal, tandis que la Femme de la Marquiſe s'éforçoit d'arêter le ſang, qui couloit de la bleſſure de d'Aubone. Il trouva ſa Femme, qui danſoit avec un air de ſatisfaction, qui redoubla ſon couroux. Il s'avance vers elle, la fureur dans les ïeux. Il l'arache de la Danſe, & l'entraîne avec violence dans la Chambre voiſine, ſans lui dire une ſeule parole. Toute l'Aſſemblée, ſaiſie d'étonement, les y ſuit, en ſe précipitant les uns ſur les autres. Le trouble & l'éfroi ſuccèdent bientôt à la ſurpriſe générale.

Tandis que ceux qui purent entrer s'empreſſoient à ſecourir d'Aubone & ſa Maîtreſſe, le Marquis

adreffe ces mots à fa Femme : Repais tes ïeux, Epoufe infidèle &
parjure , d'un fpectacle digne de
tes fureurs. Vois ces deux Amans,
que tu précipites dans la nuit du
tombeau. Voilà l'ouvrage de tes
crimes. Je les conois tous, & je les
punis. Il lui plonge en même-tems
fon épée dans le fein, avant qu'on
eût eu le tems de s'appercevoir de
fon deffein. Elle tomba fans aucun
fentiment, & fes ïeux fe fermèrent
à la lumiere, fans qu'elle put doner aucune marque de fon repentir. Son cruel Epoux alloit achever de vanger fur lui-même fa confiance trahie, & fon honeur outragée, fi l'on ne fe fût opofé promtement à ce nouveau crime, en le
défarmant, lorfqu'il retiroit fon
épée du cœur de fa Femme, pour
s'en percer lui-même.

Pendant que cette funefte tragédie
s'achevoit, les fecours, qu'on avoit

donnés à la Nièce du Marquis, avoient dèja fait efpérer pour fes jours. Elle commençoit à reprendre un peu l'ufage de fes fens. On fe hâta de la tranfporter dans une autre Chambre, avant que la conoiffance lui fut revenue, pour la fouftraire à des objets, dont la vue l'eût infailliblement fait retomber dans un état plus dangereux que le premier. D'Aubone fut auffi porté dans fa Chambre, & mis au lit avant qu'il fut forti d'une foibleffe, qui l'avoit jeté dans un long évanouiffement.

Le Chirurgien du Marquis arriva, comme d'Aubone començoit à recouvrer la conoiffance. Mais ce ne fut qu'après l'avoir fortement affuré que fa Maîtreffe étoit vivante, qu'il lui perfuada de laiffer panfer fa plaie. On fut même obligé de le garder à vûe, de même que le Marquis, de peur qu'il n'atentaſſent l'un & l'autre à leur vie.

Le lendemain à la levée du premier apareil, le Chirurgien trouva que la bleſſure étoit très-dangereuſe, & que ſans un extrème ménagement de la part de d'Aubone, elle donoit plus lieu de craindre que d'eſpérer; mais il dit tout le contraire au Marquis.

Il n'en faloit pas moins pour calmer une partie de ſa douleur. Il fit dire au Malade de ménager ſa ſanté, parce que ſa vie en dépendoit abſolument. Quelques jours après il alla lui rendre viſite.

Cette entrevuë fut tendre de la part du Marquis, & conſolante pour Aubone ! Le Marquis lui témoigna de nouveau combien il étoit touché des malheurs, dont il avoit été la cauſe, & lui fit des proteſtations d'une éternèle amitié. Viés, lui dit-il, c'eſt moi qui vous

en conjure ; & fi ma prière n'eſt
pas un motif aſſés fort pour agir
fur vous, vivés pour faire le bonheur de votre vertueuſe Maîtreſſe.
Je veux vous unir enſemble par
des liens, que rien ne fera plus capable de briſer. C'eſt le moins que
je doive faire pour réparer les maux,
que je vous ai cauſés.

D'Aubone fentit en ce moment
les plus doux tranſports. On lui faifoit eſpérer un bonheur, dont il
n'eut jamais oſé ſe flater. Ah, Monfieur, répondit-il au Marquis, en
lni baiſant la main avec reſpect !
Mon cœur ne fauroit contenir le
raviſſement, où l'excès de vos bontés le plonge. Mais elles me couvrent en même-tems d'une extrême confufion. Non, non, je ne fuis
pas digne d'un fi grand honeur. La
médiocrité de ma fortune me dé-
fend d'aſpirer à ce prix éclatant.

Je fuis content, reprit M. de la

Brousse , des sentimens que vous me faites paroître. La modestie vous les inspire ; mais je dois vous rendre justice. Vous êtes né Gentilhomme , & votre mérite , que je veux récompenser, vous met au-dessus des avantages , que la Fortune vous a refusés. C'est aux ames vulgaires à les préferer à ceux qui naissent de la Vertu. Leurs sentimens ne règlent pas les miens. Préparés-vous donc encore une fois à donner la main à ma Nièce. Ce nouveau lien, qui va vous atacher plus fortement à moi, n'augmentera point la tendresse, que j'ai pour vous. Puisse l'Himen vous faire un sort plus heureux que le mien , ajouta-t-il, en poussant un profond soupir ! Puisse-t-il alumer son flambeau pour vous sous de meilleures auspices !

D'Aubone voulut se lever pour se jeter aux pieds de son bienfai-

teur, & lui témoigner par cette ac:
tion la vivacité de sa reconoissance. Mais le Marquis ne le voulut
pas soufrir. Il l'embrassa même avec
tendresse, & dans la crainte qu'une
plus longue conversation ne l'in-
commodât, il se retira.

D'Aubone ignoroit absolument
jusqu'où le Marquis avoit porté sa
vangeance. Son évanouissement
avoit dérobé cet afreux spectacle à
ses ïeux ; & ce ne fut que sa dis-
cretion naturèle, qui l'empêcha de
répondre aux dernières paroles de
M. de la Brousse. Il aima mieux garder un silence respectueux que de
l'irriter par sa réponse contre une
Femme coupable, qu'il croioit encore vivante.

Lorsqu'il fut seul, il livra long-
tems son cœur à la plus douce espérance. Mais le souvenir des per-
sécutions de la Marquise le replon-
gea bientôt dans la tristesse & le

découragement. Il craingnit que cette Amante jalouse n'excitât quelque nouvelle tempête contre lui. La foiblesse, que le Marquis avoit eue pour elle , en lui révélant un secret , dont il avoit tant promis de ne jamais parler , ne lui permètoit pas de conter tranquilement sur les promesses qu'on venoit de lui faire. Il n'apréhendoit pas moins le couroux de sa Maîtresse , dont elle avoit déja donné de si funestes preuves. Il brûloit du desir de la voir pour calmer son ressentiment par ses soumissions & par ses larmes.

Elle n'étoit pas de son côté plus tranquile que son Amant. La confusion , qu'elle éprouvoit de ce que son amour êtoit dévoilé, lui causoit de cruèles inquiétudes. Elle croïoit être la fable de toutes les Compagnies. Elle êtoit surtout afligée par la crainte, qu'elle avoit qu'on ne soupçonât sa vertu.

Le fort de fon Amant l'agitoit encore. Sa colère n'avoit pu tenir contre les témoignages, qu'il avoit donnés de fon repentir. Ses ïeux à demi - ouverts avoient été les témoins du défefpoir de ce cher Coupable; & le foin de fa vie l'ocupoit tout entière. On avoit beau lui dire qu'elle n'avoit rien à craindre. Sa tendreffe réveilloit fes alarmes.

Il ne faloit pas moins pour la raffurer qu'une vifite, que fon Oncle lui rendit, auffi tôt que fes malheurs lui permirent de fortir. Je viens, ma chere Nièce, lui dit-il, vous prier de me pardoner les maux, que je vous ai faits par mon indifcrétion. Vous me voïés ici pour les réparer. Votre fageffe ne m'eft pas moins conue que votre amour pour d'Aubone. Je n'y vois rien à blâmer. Le mérite de votre Amant juftifie votre choix; & ma tendreffe m'engage à l'honorer de mon

aliance. Sa naissance n'a rien qui
doive vous faire rougir ; & tous
mes biens, que je lui donne en faveur de ce mariage, répareront les
injustices de la Fortune. Je viens
vous soliciter moi-même de lui donner la main. Vous oposerés-vous à
son bonheur? Résisterés-vous à mes
desirs ; j'ajoute à ce que vous devés souhaiter vous-même ?

Ce discours, auquel la belle
Veuve ne s'atendoit pas, la saisit
tèlement qu'elle ne pût répondre
une seule parole. Mais son silence
fut éloquent ; & la vive joie, qui
tout-à-coup éclata dans ses ïeux
n'anonça que trop bien au Marquis qu'elle obéïroit sans répugnance. Il voulut ménager sa pudeur, & ne la pressa pas davantage de s'expliquer sur un contentement, dont il ne pouvoit douter.
Il lui fit alors le détail de tout ce
qui s'étoit passé. Pleinement con-

vaincue par ce recit de toute l'I-
nocence de d'Aubone, elle en fentit redoubler fon eftime & fa tendreffe pour un Amant fi vertueux.

Au refte ce détail, fi confolant
pour elle , ne pût s'achever fans
eouter bien des larmes & des foupirs à M. de la Brouffe, qui ne
fentoit que trop tout ce qu'avoit
d'horible l'éxcès de fa fureur, quelque légitime qu'elle lui parût en
elle-même.

Il fit part enfuite à fa Nièce de
la réfolution, qu'il avoit prife de fe
retirer dans une de fes Terres ,
pour finir dans la folitude , & la
fuite des Hommes une vie malheureufe, qui lui devenoit tous les
jours plus infuportable. C'eft dans
cet afile, lui dit-il , que j'irai cacher inceffament ma honte & mes
déplaifirs. Tout m'en retrace ici
de trop funeftes images. Heureux,
fi les ocupations d'une vie inocen-

te & tranquile peuvent rendre à
mon cœur la paix, qu'il a perdue,
ou du moins éfacer pour jamais
de ma triste pensée le souvenir de
mon amour si cruèlement outra-
gé !

La belle Veuve avoit ignoré, de
même que d'Aubone, les malheurs
du Marquis. Elle ne put les aprendre sans en être extrèmement atendrie. Elle mêla ses larmes aux sien-
nes. Sa générosité même en donna quelques - unes au sort de son
Enemie. Elle embrassa son Oncle avec tendresse, & lui dit les
choses du monde les plus capables
de calmer son afliction, & d'adoucir ses ennuis. Inutiles discours qui
ne servirent qu'à les augmenter !

Les infortunes du Marquis n'é-
toient pas de nature à pouvoir
être soulagées par des paroles. Le
cœur de ce malheureux Epoux
étoit en proie à tous les traits du

plus afreux défefpoir. Le tems feul pouvoit en modérer la violence. Adieu, ma chére Niéce, lui dit-il. Je ne puis fuporter davantage votre préfence : Elle irrite ma douleur dans ce moment, & fait naître dans mon efprit agité mille réflexions, qui l'acablent. Hélas ! ajouta-t-il, en fe féparant d'elle, pourquoi tous les cœurs ne font-ils pas vertueux ? Quel feroit mon bonheur, s'ils avoient tous été formés comme le vôtre ? Il fortit auffi-tôt. Son âme étoit preffée de la plus vive douleur. Son vifage étoit entièrement inondé de pleurs, Ses foupirs, & fes fanglots arêtoient fa parole, & le fufoquoient.

Les Chirurgiens anoncèrent enfin à d'Aubone qu'il étoit abfolument hors de danger. Sa plaie aloit tous les jours de mieux en mieux, & l'on s'apercevoit qu'il

recouvroit ses forces. Mais c'étoit
à l'Amour de guérir entièrement
un mal, que lui seul avoit causé.
Le Marquis engagea sa Nièce à
lui donner une marque de sa complaisance, en faisant une visite à
d'Aubone. Ne vous alarmés pas de
cette démarche, lui dit-il. Elle
n'est point contraire aux régles de
la Bienséance. Votre gloire, ni votre vertu n'en soufriront point. D'Aubone touche au moment de sa félicité. Bientôt les tendres nœuds
de l'Himénée vont unir pour toujours son sort au vôtre. Que les
charmes de votre présence hâtent
sa guérison! Vous pouvés seule en
avancer le précieux instant, & finir la langueur, qui le consume
loin de vous,

La belle Veuve ne s'oposa que
foiblement aux desirs de son Oncle. son cœur soufroit trop de
l'absence de d'Aubone, pour résis-

ter plus long-tems à l'impatience
qu'elle avoit de le revoir.

Le Marquis la conduifit lui-
même dans la Chambre de cet heureux Amant. D'Aubone, lui dit-il
en entrant, je vous laiffe avec cette belle Perfonne, dont l'entretien
ne vous caufera pas d'ennui. Ma
préfence feroit ici de trop. Je ne
troublerai pas plus long-tems le
bonheur de deux fidèles Amans.
Et fans atendre fa réponfe, il fortit de la Chambre, en les y laiffant
feuls.

Dieux ! Comment exprimer les
tranfports du trop heureux d'Aubone ? Ah ! que fa Maîtreffe lui
parut belle dans ce doux moment !
Sa maladie n'avoit laiffé qu'une
douce langueur fur fon vifage, &
cette langueur ajoutoit à fes atraits
mille graces nouvèles. Une modefte pudeur venoit de changer en
rofes les lis de fon teint ; & le ten-

dre désordre, que l'Amour fit tout-
à-coup éclater dans ses ïeux, anonça clairement à d'Aubone qu'il n'a-
voit plus de couroux à craindre
de sa part ; qu'elle êtoit persuadée
de son inocence, & qu'il pouvoit
enfin, sans être téméraire, livrer
son cœur à l'espérance de la posséder bien-tôt.

Est-ce vous que je revois, Madame, lui dit-il, avec respect ; ou
dois-je seulement mon bonheur à
la douce illusion de mes sens ? Ah
daignés rapeler la paix dans mon
âme. Apprenés-moi si je dois vivre ou mourir. Votre réponse va
décider de mon sort.

Oui, d'Aubone, c'est moi, répondit tendrement cette belle Veuve, en lui tendant une main, sur
aquelle il cola sa bouche avec transport. C'est une Amante trop crédule, qui trompée ci-devant par
es fausses aparences de votre infidélité,

fidélité , vient vous rendre aujourd'hui son estime & son amour. Ah, d'Aubone ! que les maux, que j'ai souferts, ont été cruels ! Que je plains ceux que je vous ai causés moi-même ! Oublions-les dans les transports d'une satisfaction mutuèle ; ou si nous en rapelons le triste souvenir , qu'il ne serve qu'à resserer encore plus fortement nos chaines. Oui, je consens de m'aquiter envers vous par le don de ma main. Elle sera le prix de votre sagesse , & de votre fidélité.

Ciel ! Quel aveu plein de charmes , s'écria d'Aubone dans l'excès de sa joïe ! Ah, Madame, qu'il est cher à mon cœur, ce prix glorieux, dont vous le flatés ! Pourquoi faut-il que dans un si doux moment je ne puisse pas vous exprimer tout ce que je sens de tendresse , & de reconoissance ? Amour, ai-je donc trop paié tes

veurs ? Hélas ! Que ce qu'il m'en
a couté pour les mériter est bien au
dessous d'un si grand bien !

Ces heureux Amans aloient continuer une conversation si tendre ;
lorsque le Marquis rentra tout-à-
coup dans la Chambre. Hé bien
d'Aubone ! lui dit-il, que veut-on
faire pour vous ? Ah, Monsieur ,
répondit d'Aubone ! mon bonheur
a surpassé mes espérances ! Hâtés-
vous de me rendre le plus satisfait de tous les Amans.

J'aprouve ce vif transport , reprit le Marquis. J'avois prévû que
vous n'aviés rien à craindre des rigueurs de ma Nièce. Je vais ordoner les préparatifs de votre Mariage. Je veux vous unir dans huit
jours, après quoi rien ne s'opose-
ra plus à la résolution, que j'ai prise d'aler pleurer mes malheurs
dans le sein d'une tranquile solitude.

Il ofrit en même tems la main
à sa Nièce, & la remena chés el-

le. D'Aubone resta dans une situation, qui ne peut être sentie que
par les Persones dont le cœur a
quelquefois été véritablement touché. Cette heureuse visite fut l'é-
poque de sa parfaite guérison. Dès
le lendemain, il fut en état d'a-
ler chés sa Maîtresse lui témoigner
toute sa reconoissance, & de songer lui-même à hâter les aprêts
de leurs noces.

Ce moment si desiré parut enfin avec la lumière du plus beau
jour. D'Aubone jura solemnèle-
ment aux pieds des Autels une
éternèle ardeur à sa charmante
Veuve. Leur amour toûjours vif,
toûjours constant fut à l'épreuve
du dégout, qu'une paisible possession entraine si souvent après elle;
& le Ciel benit leur union par
le don, qu'il leur fit de plusieurs
Enfans qui furent les imitateurs des
vertus de leurs Parents.

Pour le Marquis de la Brousse,
il ne les eut pas pluſtôt unis, qu'il
ſe ſépara d'eux, pour s'aler mètre
en état de faire enteriner les Lètres de grace, que ſes Amis avoient
obtenues pour lui. Son unique ſoin
enſuite fut d'acomplir le deſſein,
qu'il avoit pris. Il ſe retira dans
une Terre, qu'il avoit aux extrèmités de la baſſe Bretagne, ſur les
bords de la mer. Sa douleur l'y
ſuivit avec le ſouvenir de ſes malheurs. C'eſt là que contemplant
ſouvent cet Elément, ſi redoutable par tant de tempêtes, & de
naufrages, il rapeloit ſans ceſſe
dans ſa mémoire le cruel Orage,
que l'amour avoit excité dans ſon
cœur. Cette funeſte penſée, dont
il aimoit à repaître ſa douleur,
jointe au vif repentir d'avoir porté trop loin ſa vangeance, avan-
ça ſa mort & la fin de ſes peines.

F I N.

Lightning Source UK Ltd.
Milton Keynes UK
UKHW022244210620
365293UK00015B/512